元朝日新聞主筆
若宮啓《よし》文《ぶみ》の霊言

大川隆法
Ryuho Okawa

まえがき

本書のもとになった公開霊言《こうかいれいげん》の二日前に、元・朝日新聞主筆《しゅひつ》であった若宮啓文《わかみやよしぶみ》氏が、旅先の北京《ペキン》のホテルで客死《きゃくし》された。詳細《しょうさい》は本文《ほんぶん》に譲《ゆず》るが、彼はなぜか私の元《もと》に「説明を求めに」来られた。

本人が死んだことを認めないままに霊言をしたことは、過去にもあるし、朝日・岩波系の文化人やガチガチの唯物論《ゆいぶつろん》科学者も、死後、自分が死んだことも、魂《たましい》があることも認めないのが普通だ。

こうした無霊魂《むれいこん》・唯物論者が、政治的にどういう判断に傾《かたむ》くかが、客観的《きゃっかんてき》に分《ぶん》析《せき》されたのが本書といえる。一般的《いっぱんてき》には、「反戦」「平和」「反核」「護憲《ごけん》」を言っておれば、宗教的で、善人に見える。現実に宗教団体をバックにした政治運動にもそういう例が多い。

しかし、実際には、教条主義的《きょうじょうしゅぎてき》、共産主義的、全体主義的になることが多いという逆説《ぎゃくせつ》がある。とまれ、まずはご一読《いちどく》を願いたい。

二〇一六年　五月三日

幸福《こうふく》の科学《かがく》グループ創始者兼総裁《そうししゃけんそうさい》　大川隆法《おおかわりゅうほう》

元朝日新聞主筆　若宮啓文の霊言　目次

元朝日新聞主筆《しゅひつ》　若宮啓文《わかみやよしぶみ》の霊言《れいげん》

二〇一六年四月三十日　収録

東京都・幸福の科学　教祖殿《きょうそでん》　大悟館《たいごかん》にて

「霊言現象《れいげん》」とは、あの世の霊存在の言葉を語り下ろす現象のことをいう。これは高度な悟《さと》りを開いた者に特有のものであり、「霊媒現象《れいばい》」（トランス状態になって意識を失い、霊が一方的にしゃべる現象）とは異なる。

なお、「霊言」は、あくまでも霊人《れいじん》の意見であり、幸福の科学グループとしての見解と矛盾《むじゅん》する内容を含《ふく》む場合がある点、付記しておきたい。

元朝日新聞主筆《しゅひつ》　若宮啓文《わかみやよしぶみ》の霊言《れいげん》

二〇一六年四月三十日　収録

東京都・幸福の科学　教祖殿《きょうそでん》　大悟館《たいごかん》にて

若宮啓文《わかみやよしぶみ》（一九四八〜二〇一六）

東京都出身。東京大学法学部政治学科卒。一九七〇年、朝日新聞社に入社、横浜《よこはま》支局や長野支局に勤務後、東京本社にて政治部記者となり、政治部次長、論説委員、政治部長、編集局次長、論説副主幹、論説主幹、主筆等を歴任する。二〇一三年一月に朝日新聞社を退社した後《のち》は、公益財団法人日本国際交流センターのシニア・フェローに就任。日本や韓国《かんこく》の大学の客員教授も務めた。

質問者

大川裕太《おおかわゆうた》（幸福の科学常務理事 兼 宗務《しゅうむ》本部総裁室長代理 兼 総合本部アドバイザー 兼 政務本部活動推進参謀《さんぼう》 兼 国際本部活動推進参謀）

里村英一《さとむらえいいち》（幸福の科学専務理事〔広報・マーケティング企画《きかく》担当〕兼《けん》 ＨＳＵ講師）

綾織次郎《あやおりじろう》（幸福の科学常務理事 兼「ザ・リバティ」編集長 兼 ＨＳＵ講師）

［役職は収録時点のもの］

1　死後二日で大川隆法のもとに現れた元朝日新聞主筆の霊

三年半前に発刊した『朝日新聞はまだ反日か』をめぐって

大川隆法　三年半ほど前、二〇一二年の秋に、『朝日新聞はまだ反日か――若宮《わかみや》主筆の本心に迫《せま》る――』（幸福の科学出版刊）という本を出しました。

このときは、まだ現職であられた朝日新聞の若宮啓《よし》文《ぶみ》主筆の守護霊《しゅごれい》をお呼びし、当会の里村英一《さとむらえいいち》さん、綾《あや》織次郎《おりじろう》さん、小林早賢《こばやしそうけん》さんが入って質問をしたのです。

ただ、若宮さんの守護霊が「自分が守護霊である」ということを理解しているかどうかは、やや怪《あや》しい状態ではありました（笑）。

『朝日新聞はまだ反日か――若宮主筆の本心に迫る――』
（幸福の科学出版刊）

当時は、民主党（現・民進党）政権になっており、民主党の総理としては三代目の、野田《のだ》（佳彦《よしひこ》）さんの時代の末期《まっき》だったと思いますけれども、若宮さんは、反安倍《あべ》（晋《しん》三《ぞう》）の急先鋒《きゅうせんぽう》でもあったし、朝日の論説も引っ張っており、強力に民主党政権の後押《あとお》しをしていたのではないかと思います。

そして、この本（前掲《ぜんけい》『朝日新聞はまだ反日か――若宮主筆の本心に迫る――』）を出したあと、第二次安倍政権が十二月ぐらいに成立したのでしょうか。

里村　はい。二〇一二年の十二月です。

大川隆法　それで、そのあと、「それを受けて」のようにも見えたのですが、年を越《こ》えて少ししたら、若宮さんは「定年」と称《しょう》して朝日新聞を退社されました。

里村　はい。一月だったと思います。

大川隆法　ええ。やや突然《とつぜん》だったのですけれども、そのあと、韓国《かんこく》に行かれたので、私たちは〝亡命《ぼうめい》〟したものだと思いました。

若宮さんは、（第一次安倍政権のときに）「安倍さんの葬儀《そうぎ》はうち（朝日新聞）で出す」などと言っていた中心人物でしょう。そのように、「安倍さんの葬儀を出す」と言っていたところが、安倍さんが総理に返り咲《ざ》いたので、「韓国に亡命したのかな」と思ったのです。

韓国のほうも、何か「敵将の首を取ったり」というような感じで、大喜びだったようです。「日本の総理は九十数代出ているけれども、朝日新聞の主筆というのは、この人を含《ふく》めて六人しかいない。だから、（若宮氏が韓国に来るのは）総理よりも大変なことなのだ」と、韓国に亡命してきたような扱《あつか》いで、とても喜んでいたようなのです。

向こうの大学の教授に迎《むか》えられたのか、あるいは、一部には、「学生もやった」という話が載《の》っているものもあるので、韓国語の勉強でもしていたのかもしれませんが、とりあえず避難《ひなん》したようには見えました。

「若宮啓文氏の死」にまつわる憶測《おくそく》について訊《き》いてみたい

大川隆法　それから三年余りたちますが、先日（二〇一六年四月二十七日）、若宮さんは、中国の北京《ペキン》市内のホテルに入って、二十八日、二十九日と開かれる、「日中韓三カ国のシンポジウム」に出席する予定だったようです。

ところが、少し体の不調を訴《うった》えていたらしく、ホテルのスタッフが電話をしても、返事がないので調べてみたら、お風呂《ふろ》で倒《たお》れており、今日より二日ほど前（二十八日）に亡《な》くなったのではないかと思われます。

場所が場所だけに、少し憶測《おくそく》を呼ぶ面もないわけではないのですが、日本には、謀《ぼう》略《りゃく》機関がそれほど暗躍《あんやく》することはないとは思います。

韓国、中国あたりで客死《きゃくし》したりすると、何か少し怪しい感じがしないわけでもないのですが、若宮さんは〝反中国〟ではなく、向こうはウェルカムであろうから、中国のほうが殺す芽はないとは思うのです。

里村　そうですね。

大川隆法　しかし、もし、心変わり等をしていたのであれば、そういうことも、あるのかもしれません。

また、「朝日は、この人が抜《ぬ》けてから、急に左翼《さよく》寄りの姿勢をやや改めた」とも言われているので、そのへんについてはよく分かりません。

そうした憶測についても、今日は訊《き》いてみたいと思います。

新聞の訃報《ふほう》記事を見た翌朝にやってきた若宮氏の霊《れい》

大川隆法　なお、若宮さんの霊は、今朝《けさ》ほどから、私のところに来ています。

若宮啓文元本社主筆が死去

朝日新聞社で論説主幹や主筆を歴任したジャーナリストの若宮啓文（わかみや・よしぶみ）さんが28日、訪問先の北京市内のホテルで亡くなっているのが見つかった。68歳だった。シニアフェローを務めている公益財団法人・日本国際交流センターから家族に連絡があった。現地の警察当局によると、外傷はなく、病死とみられる。北京で28、29両日に開かれる日中韓3カ国のシンポジウムに出席するため滞在していた。

27日、ソウルから北京入り。同センターのスタッフと北京で合流したが、同日夜から体の不調を訴えていたという。28日昼過ぎ、電話をしても応答がないことを不審に思ったスタッフがホテルの従業員と部屋を確認したところ、浴室で倒れていた。

1970年に朝日新聞に入社。長野支局時代に、部落差別の現状を伝える連載キャンペーンを展開。加筆して著書「ルポ現代の被差別部落」を刊行した。

75年に配属された政治部では、宮沢喜一氏らの宏池会などを担当した。

2002年に論説主幹に就くと、「闘う社説」を掲げる一方、国際社会の中で日本がとるべき針路を改めて問うた。07年の憲法記念日に21本の社説を一挙に掲載した「提言・日本の新戦略――社説21」を主導。憲法9条は堅持しつつも、新しい平和安全保障基本法で

若宮氏死去を報道する4月29日付
朝日新聞朝刊の社会面。

昨日《きのう》（二〇一六年四月二十九日）の新聞には、後ろのほうに小さく死亡記事が出ていたと思いますが、普通《ふつう》は、そのくらいであれば、私のところには来ないのです。一面記事に載るような人の場合は、すぐに来ることが多いのですけれども、そのあたりの人は来ません。したがって、「来ないかな」と思っていました。

ただ、「（当会で）本を出しているので、もしかしたら来るかな」とも思ってはいたのですが、やはり、朝から来ています。

今日は、長女の咲也加《さやか》が、ＨＳＵ（ハッピー・サイエンス・ユニバーシティ）で『スピリチュアル古事記《こじき》入門（上下）』（幸福の科学出版刊）についての講義（「祭政一致《さいせいいっち》の原点――『スピリチュアル古事記入門』講義――」）をする予定なので、「これは具合が悪い。困ったな」と思っていました。

そのため、彼女が午後の講義に向けて出ていった隙《すき》を見て、彼女の移動時間中に、これ（若宮啓文氏の霊言《れいげん》）を録《と》ろうとしているところです（笑）。（両者は）思想的には正反対だと思います。

エリートコースを極《きわ》めた若宮氏

大川隆法　若宮さんの経歴は、日本では、いわゆるエリートコースと言ってもよいと思います。

私より八つほど上の一九四八年生まれで、「麻布《あざぶ》高校、東大法学部政治学科卒」というコースで、朝日新聞に入って、論説委員、政治部長、論説副主幹《しゅかん》、論説主幹等を経《へ》て、東大の客員教授もされ、二〇一一年に主筆に就任、二〇一三年に退社というかたちになっています。

そのあと、日本国際交流センターのシニア・フェローとなり、慶応《けいおう》大学、韓国の東《とう》西《ざい》大学、ソウル大学などの客員教授を務めたということです。

また、お父さんの若宮小太郎《こたろう》氏も、鳩山一郎《はとやまいちろう》元首相の首席秘書官だったそうです。

そのように、いわゆる日本的に言えば、「麻布高校、東大法学部政治学科卒で朝日に行って、主筆にまで上《のぼ》り詰《つ》める」というのは、いちおう一つの出世コースを極《きわ》めた方ではありましょう。その意味で、今の「日本の不調」も、「東大の不調」という価値観の揺《ゆ》らぎと、やや関係があるような気はしています。
なお、今日はゴールデン・ウィークで、三男の裕太《ゆうた》が家にいたので、質問者として、前回質問した二人に加えました。
若宮さんと彼は、麻布の先輩《せんぱい》・後輩、東大の先輩・後輩にも当たります。また、ゼミについても、若宮氏は●坂本義和《さかもとよしかず》氏（東大名誉《めいよ》教授）の国際政治のゼミに入っており、彼も今、坂本さんの教え子のゼミに入っています。

里村　ああ……。

大川隆法　そのように、〝直系《ちょっけい》〟ですので、先輩・後輩による〝成仏合戦《じょうぶつ》〟になるかどうかは分かりませんが（会場笑）、少し話をしてもらおうかなと思って、質問者に入れました。

里村　はい。

●**坂本義和**（1927 ～ 2014）　国際政治学者、東京大学名誉教授。東京大学法学部の演習で丸山眞男の指導を受ける。東京大学教授、明治学院大学教授、国際基督教大学平和研究所顧問などを務めた。『従軍慰安婦問題と南京大虐殺は本当か？――左翼の源流 vs. E. ケイシー・リーディング――』（幸福の科学出版刊）参照。

「とにかく説明が欲《ほ》しい」と言ってきた若宮氏の霊《れい》

大川隆法　若宮さんは、まだ亡くなってから二日ぐらいなので、おそらく、天国にも地獄《じごく》にも行っていない状態で、地上を浮遊《ふゆう》していると思います。

若宮さんが私のところに来るのは、やや〝おかしみ〟がないわけではありません。「自宅へ帰る」とか、「朝日新聞にいる」とかいうのなら分かりますが、「私のところに来る」というのは、若干《じゃっかん》〝おかしみ〟があります。

ただ、「三年半前に守護霊《しゅごれい》の霊言を収録した」という経緯《けいい》もあるので、おそらく向こうも強烈《きょうれつ》な印象を持っていたのでしょう。そのため、死んだあとに行くところとして、私のところに来たのかなと思います。

それで、つい先ほど、「どういうご用件でしょうか?」と訊いてみたのですが、「とにかく説明が欲《ほ》しい」というようなことを言っていました。

ただ、「説明が欲しい」と言われても、話せば長くなるかもしれないし、どこまで要《い》るかも分かりません。

とにかく、「守護霊が、自分が守護霊であることを理解していなかった場合、（地上の）本人が死んだら、どうなるのか」というケースです。

里村　はい。

この世とあの世を貫《つらぬ》く立場から「真理」「正義」を実証したい

大川隆法　また、この霊言は、今年（二〇一六年）、当会が追究している「正義とは何か」の問題とも関係すると思います。「朝日の主筆までされて、日本の言論をリードし、『安倍さんの葬式を出す』と言っていた人の最期《さいご》が、どのような感じになっているのか」、また、「何が正しいのか」ということを、考える材料ではないかと思うのです。

私は、比較《ひかく》的寛容《かんよう》であり、あまり敵・味方は考えないタイプです。そのため、こういう人も（霊として）

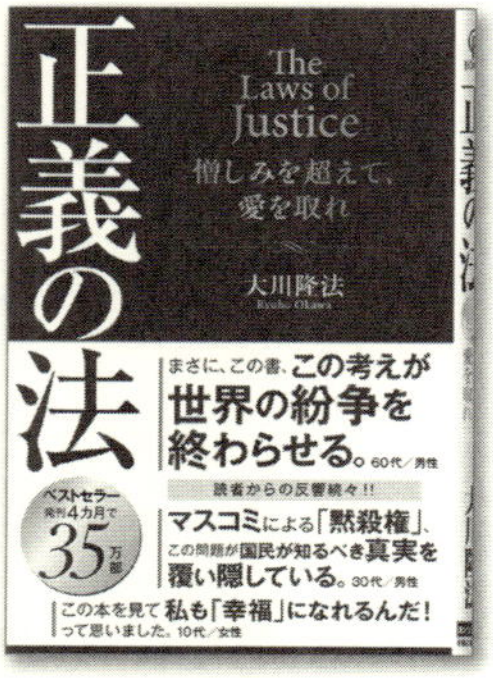

国際社会の紛争や日本が直面する難題を「正義」の観点から読み解く『正義の法』（幸福の科学出版刊）。

来られる余地があるのだと思います。

私は、いつも、「真実とは何か」ということを探究する立場に立っています。特に「敵・味方」というようには考えないし、特に好きだったり、嫌《きら》いだったりというような感じも、それほどないタイプです。

そのため、私のところに来ることができるのだと思います。(私自身が若宮氏をかなり嫌いだったら来られないのではないかと思いますが、特にそうした気持ちはないのです。

私も、いちおうは、若宮さんの(東大の)後輩といえば、後輩に当たりますので、今日は、「日本の一つの大新聞というか、クオリティ紙を引っ張っていた方の政治的主張が正しかったのか」、あるいは、「政治的なものではなく、宗教的・哲学《てつがく》的な信念、人生観的な信念のところに問題があって、政治的主張に影響《えいきょう》が出たのか」、このあたりを、本人との対話を通して明らかにしたいと思います。

もちろん、若宮さん個人を貶《おとし》めるつもりもないし、この人一人をつかまえて、朝日新聞全体を、否定、批判するつもりもありません。

ただ、私としては、「真実」を知りたいし、「正義」を探究している以上、やはり、この世とあの世を貫《つらぬ》く立場から、「真理とは何か。正義とは何か」を実証しつつ、みなさんにそのあたりを判定していただきたいと考えているところです。

この世的には、亡くなられて、お悔《く》やみを申し上げなければいけないところですが、こういうところに当会は慣れすぎていて、やや礼儀作法《さほう》を失っているかもしれません。「人が死んでも、それほど動揺《どうよう》も感動もしない。生と死については、ごく普通に通り越したものぐらいにしか、横断歩道を渡《わた》ったぐらいにしか見ていない」というところがあるので、やや人間味を欠いている点があるように感じられたら、お許しいただきたいとは思います。

形式上のお葬式とか、供養《くよう》とか、お悔やみとか、いろいろあるのでしょうが、私のように、毎日、亡くなった方と話をしている人間にとっては、もう生も死もつながっているものにしか見えないので、あまり悲しくもうれしくもない状態なのです。

そういう意味で、礼儀を失《しっ》していたら、許していただきたいと思います。

前置きは、これくらいにします。

宗教的にも政治的にも「大きな意味」のある霊言《れいげん》

大川隆法　（質問者たちに）では、自由に話していただいて、この人（若宮啓文氏）の心のあり方や問題点について、あるいは、死んで二日で考えが変更《へんこう》することがあるのかどうかは分かりませんが、今、自分の立場や死後の世界を理解しているかどうか等を確認してみたいと思います。

里村　はい。

大川隆法　宗教的には大きな意味があるだろうし、政治にもかかわっているので、そのへんのところにも、大きな意味があると考えています。

それでは、朝日新聞元主筆・若宮啓文さんが、二日ほど前に亡くなられて、今、霊《れい》として来ていますので、幸福の科学 教祖殿《きょうそでん》 大悟館《たいごかん》において、その霊言《れいげん》を頂きたいと思います。

若宮元主筆の霊よ。

どうぞ、幸福の科学 教祖殿 大悟館にて、その心の内を明かしたまえ。思うところをお述べください。

よろしくお願い申し上げます。

（約五秒間の沈黙《ちんもく》）

2 韓国への〝亡命《ぼうめい》〟から最期《さいご》までの経緯《けいい》を語る

「体調は悪いが、亡《な》くなってはいない」と語る若宮氏

若宮啓文　（咳《せ》き込《こ》む）

里村　おはようございます。

若宮啓文　ケホッ、ケホッ、（胸の中央あたりを右手で押《お》さえる）うん。

里村　若宮主筆でいらっしゃいますでしょうか。

若宮啓文　うーん、主筆じゃない。もう辞《や》めたから。

里村　はい。では、若宮元主筆でいらっしゃいますでしょうか。

若宮啓文　うん、うん。

里村　私どもは、報道を通じて、若宮元主筆が、四月二十七日から二十八日にかけて、北京《ペキン》で滞在《たいざい》中のホテルで亡《な》くなったと聞いておりますけれども、今、お具合はいかがでしょうか。

若宮啓文　うーん、まあ、よくはないわねえ。よくはない。

里村　「よくはない」ということですね。

若宮啓文　それは、よくはない。よくはないんだけど……。

●若宮元主筆が……　朝日新聞元主筆の若宮氏は、2016年4月27日に、日中韓3カ国のシンポジウムに出席するためソウルから北京入り。同日夜、体調不良を訴え、翌28日にホテルの浴室で倒れ、死亡しているのが発見された。

里村　報道によると、「体調の不良を訴《うった》えられていた」ということですが。

若宮啓文　うーん、なんか調子が悪いなあ。そんなによくはない。

里村　ホテルでお休みになっていらっしゃったようですけれども。

若宮啓文　……休み、休み……。「お休みになってた」っていうのは？

里村　少し体調が悪かったようですが。

若宮啓文　いや、体調というか、中国に入ってたんで、そんなもん、それはホテルに泊《と》まりはしましたけどね。

里村　はい。それでは、お伺《うかが》いしますけれども、ご自身がホテルでお亡くなりになったということは、今、ご認識されていらっしゃいますでしょうか。

若宮啓文　お亡くなりになった……。「お亡くなりになった」って、どういうこと？

里村　要するに、若宮元主筆が、北京のホテルで「死んだ」ということでございます。

若宮啓文　（約五秒間の沈黙《ちんもく》）同姓同名《どうせいどうめい》の人はいないよねえ？

里村　「若宮啓文」様というお名前の方は、そんなにいらっしゃいません。

若宮啓文　うん？　今、今、今、何て言った？

里村　お亡くなりになったわけです。つまり、死なれたんです。

若宮啓文　お亡くなりになった……。亡くなってはいないんじゃないの？　なんか。うん、調子は悪いよ。調子はちょっと悪いけど。でも、亡くなってはいないと思うんだがなあ。

里村　はい。

死去を伝える報道が流れていることは、「デマ」か「噂《うわさ》」という認識

里村　昨日《きのう》、朝日新聞をはじめ、読売、毎日、産経、東京、日経など、各紙に「（若宮啓文氏が）亡くなられた」という報道が出ております。

若宮啓文　新聞が嘘《うそ》を書くかなあ。新聞が嘘を書くか……。

綾織　ただ、朝日新聞も書いていますので。

若宮啓文　いやあ、取材に行って、ちゃんと確認したかなあ。うーん、噂《うわさ》じゃないかなあ。

里村　「噂」とも言えないんです。

若宮啓文　デマってよく流れるからねえ。

里村　本日（二〇一六年四月三十日）付の朝日新聞の三面で、若宮元主筆の言論人としての、また、記者としての功績《こうせき》が書かれています。

若宮啓文　うん。

里村　そして、読売新聞の渡邉恒雄《わたなべつねお》会長、通称《つうしょう》、ナベツネさんとか、あるいは、河野《こうの》洋平《ようへい》さんとか、そうした旧知の方が、「非常に惜《お》しい方を亡くした」と述べておられます。「亡くした」というふうにおっしゃっているのです。

若宮啓文　それは事実だな、まあ……、ええ？　でも、「亡くした」っておかしいなあ。「惜しい人」っていうのは分かる。「惜しい」というのは、うん、それは分かる。分かる、分かる。うん。

里村　ナベツネさんは、「直接まだ訊《き》きたいことがあったんだ」ということまでおっしゃっています。

若宮啓文　いやあ、答えてやるよ。どうぞ。

里村　ええ。今日は、ぜひ、そのあたりもお伺いしたいと思います。

若宮啓文　（里村に）あ、君、ナベツネさんじゃないよねえ？

里村　ええっ？　違《ちが》います（笑）。私は、ナベツネさんではございません。

若宮啓文　そんな顔をしてる。ちょっと似てる。

里村　いやいや（笑）。

そうすると、要するに、まだご自身が地上を去って、肉体を去られたということは……。

若宮啓文　もう君の言葉、ちょっと分かんない。意味不明なんだけど。

里村　すみません（苦笑）。

若宮啓文　新聞では、そういう文章は書かないんだよ。そういう「地上を去った」なんて。

「ここは北京《ペキン》じゃないの？」

綾織　今日は、ご自身から、大川隆法総裁のところにいらっしゃっているのですけれども。

若宮啓文　ああ、そうお？

綾織　そうなんです。

若宮啓文　ここは北京《ペキン》じゃなくて？

綾織　北京ではないんです。

若宮啓文　北京じゃないの？

綾織・里村　はい。

若宮啓文　（里村の顔を見て）君、北京の人みたいだよね？

里村　いやいや（笑）（会場笑）。違います。

若宮啓文　ハハ（笑）。

里村　ここは日本の東京でございます。

若宮啓文　日本語だなあ、そういやあ。

里村　はい、そうです。

若宮啓文　日本語だ。

綾織　ご自身の意志で、こちらにいらっしゃっていると思うのですが、いかがでしょうか。

若宮啓文　ええ？　（ここに来るまで）すぐだよ、すぐ。いや、そんな、君、もうホテルだって、（会場を見渡《みわた》しながら）それはちょっと会議室ぐらいはあるさ。何言ってるんだよ。

綾織　いえいえ。ここは東京なんです。

若宮啓文　ええ？　うーん、化《ば》けてんだろう？

里村　いえいえ。

若宮啓文　どこかの取材だろう？　覆面《ふくめん》取材でなんか……。

綾織　まあ、取材でもあるんですけれども。

若宮啓文　ワイドショーか？

里村　いえ、ワイドショーではございません。

綾織　ご自身がこちらに来られたので、やむなく、こういう状態になっております。

若宮啓文　うん？　ワイドショーか。他人《ひと》の不幸を喜んじゃいけないんだよ。まだ死んでないんだからさ。

「安倍《あべ》の葬儀《そうぎ》よりこっちが先に出されるのは、まずい」

里村　若宮元主筆は、ご自身は、「まだ死んでない」と思われているわけですね？

若宮啓文　うん。調子はちょっと崩《くず》してるのは分かってるんだけどさあ。まだ死んでないからさ。そんな、人のそういう記事を書くと、あとで撤回《てっかい》が大変なんだからさ。あとで謝罪しなきゃいけなくなるよ。

里村　しかし、今回は、各紙が報じていますので、「誤報」ということにはなりにくいと思います。

若宮啓文　誤報だよ。それはねえ、歴史的誤報だな。

里村　「歴史的誤報である」と。

若宮啓文　うん。これは、安倍《あべ》の陰謀《いんぼう》かもしらんなあ。安倍総理の。

里村　ただ、もうすでに、若宮元主筆は六十八歳《さい》であられますので。

若宮啓文　だから、（安倍総理は）「若宮を葬《ほうむ》りたい。葬式《そうしき》はわしが出したい」っていう、すっごい強い怨念《おんねん》を持ってるから。今、マスコミをコントロールしかけてるからさあ。もう、若宮を死んだことにしてさ。中国で死んだことは誰《だれ》も分からないじゃない？　それはねえ。

里村　なるほど。

若宮啓文　それで、「遺体は奪《うば》われました」みたいな感じにしたら、それは分からないじゃん。

里村　逆になってしまったわけですね？

若宮啓文　ええ？　うーん？

里村　つまり、「安倍の葬儀《そうぎ》を出す」と言っていたのに、「若宮元主筆が葬儀を出されるほうになってしまった」と（『約束の日　安倍晋三《しんぞう》試論』小川榮太郎《おがわえいたろう》著〔幻冬舎《げんとうしゃ》刊〕参照）。

若宮啓文　いや……。もしかしたら、日本にＣＩＡみたいな組織があって、そういうことをすごくやって……。

『約束の日　安倍晋三試論』
（小川榮太郎著、幻冬舎刊）

里村　いえ、それはございません。

若宮啓文　うーん。いや、それは、ギャグとしては面白《おもしろ》すぎて、ちょっと通じないなあ。

安倍の葬儀を出すのがわしの役割だから、こっちが先に出されるっていうのは、それはまずい。

「日中韓《にっちゅうかん》のシンポジウム」で若宮氏が言おうとしていたこととは

里村　今回、中国の北京に滞在されていたわけですが、それは、日中韓《にっちゅうかん》三カ国のシンポジウムがあったということです。どのようなことをお話しされようと思って、行かれていたのですか。

若宮啓文　やっぱり、日本の政治姿勢が間違った方向に行ってだねえ、中韓との関係を崩してだねえ、それで、「戦争軍事国家」に再び返り咲《ざ》いてだねえ。そのような、「歴史認識を忘れた行動を取るんではないか」と強く懸念《けねん》される覚えがあるので。私なんかは、やっぱり、言論を正してだねえ、政治に対する監視《かんし》の目を強めてだねえ。そして、中国、韓国の歴史認識っていうのを、よく日本も学んでだねえ、「共同歩調で、未来志向の社会をつくろう！」と。

まあ、そういうふうな趣旨《しゅし》で話をしたいなと思ってた。

里村　なるほど。そうすると、三年半前にお話をお伺いしましたけれども、ますます、そちらの方向の信念が強くなっていらっしゃる感じですね。

若宮啓文　それはもうねえ、韓国も中国もいい国ですよぉ。すっごいねえ、私を、正当に評価して歓待《かんたい》してくれてね。日本では、けっこう悪口を言う人が多くってねえ。日本人は悪口を言う癖《くせ》があるからいけないねえ。

里村　ほお。今日は、そのあたりのお考えをお伺いしたいと思います。

若宮啓文　（咳《せき》をする）うん。

「安倍政権時代には日本に帰れない」という思い

里村　本題の前に、もう一度、話が戻《もど》りますけれども、「体調が悪くなられた」というのは、どうしてなのでしょうか。要するに、ご自身は、何か持病をお持ちだったのですか。

若宮啓文　やっぱり、よく働いたからねえ。ちょっとは働いたし。まあ、韓国とか、中国とか、異郷《いきょう》の地は多少はね、思想的にはいいんだけど、生活的には日本に比べたらね、やっぱりちょっと、いろいろ不便な面はあるからねえ。

里村　確かに、食べ物も違いますし、水も全然違います。

若宮啓文　うん、そうそう。そうなんですよ。韓国食を食ってたら、血圧も上がるしねえ。

いやあ、なんか、「よど号ハイジャック事件」で亡命した彼らみたいな気持ちだなあ。「日本に帰りたいけど、帰れない」みたいな感じで。そんな感じがちょっとするね。

綾織　実際、亡命をするようなお気持ちだったのですね。

若宮啓文　いや、「亡命」っていうことはないけど、「安倍が早く辞めんかなあ」とはずっと思っとったがなあ。

綾織　では、「安倍政権時代には日本に帰れない」と。

●よど号ハイジャック事件　1970年3月31日、共産主義者同盟赤軍派が日航のボーイング727型機（よど号は愛称）をハイジャックし、北朝鮮に亡命した事件。

若宮啓文　（安倍政権時代）には、（首を横に振《ふ》りながら）帰るのは、もう嫌《いや》だなあ。できたら、もう。

日本にいたら、なんかさあ、自民党員が石を投げに来そうな感じがするからさあ。嫌じゃない？　なあ？

里村　ええ。

若宮啓文　まあ、一時期、英雄《えいゆう》も引っ込まないかんときもあるじゃない、な？　そういう逆風のときはなあ。

主筆をわずか二年で辞《や》めたことの背景には何があったのか？

大川裕太　若宮元主筆が、主筆に就任されたのは、二〇一一年でした。そして、わずか二年後の二〇一三年には朝日新聞社を退社されています。

若宮啓文　うん。

大川裕太　本当はもう少し長く主筆をされたかったという思いはあったのでしょうか。

若宮啓文　まあ、「安倍政権になったから、これは具合が悪い」っていうのはあった。みんな、それは、社をあげてねえ、「具合が悪い」っていうことで。とにかく、私の首と引き換《か》えに、政治的弾圧《だんあつ》を避《さ》けようとしたっていうことはあるわなあ。

里村　それは、「ご自身の意志」というよりも、「朝日新聞社として、これはまずい」と。

若宮啓文　やっぱり、「（私の）首を差し出して、弾圧を避けようとした面はある」とは思うんだよな。

里村　確かに、朝日新聞さんですと、例えば、船橋洋一《ふなばしよういち》さんとか、いわゆる普通《ふつう》の定年とは関係なしに、ずっとジャーナリストとして書かれる場合が多いのですが、そういうことで、あっさりと……。

若宮啓文　いやあ、ナベツネさんの年齢《ねんれい》を考えてごらんよ。ね？　だから、辞《や》めないかん理由は何もないけどさあ……。

里村　そうですね。

若宮啓文　何もないんだけど、とにかく、安倍さんのほうが、宣伝に使ってさあ。「『安倍の葬儀はうちで出す』と朝日が言ってる。それの中心には私（若宮）がいる」というような。なんかそういうのを、本の宣伝広告みたいに、いっぱい使い始めたからさあ。

そういう安倍政権のアンチで、ユダヤ人狩《が》りみたいに、朝日が使われるっていうのは、やっぱり、部数急落中のなかではねえ、困るわけよ。そういう旗印《はたじるし》みたいな攻撃《こうげき》の材料があると困るからさあ。「これは、社のためには、いったん身を退《ひ》いたほうがいいのかなあ」と思ってさ。「あれ（安倍首相）が辞めたら、また考えてもいいな」と思っておったなあ。

「ナチス政権なんだよ、安倍政権っていうのは」

里村　ある意味で、安倍首相復活の狼煙《のろし》になったようなかたちでしたから。

若宮啓文　そうなんだよねえ。

里村　あの本（前掲《ぜんけい》『約束の日　安倍晋三試論』）の冒頭《ぼうとう》に、若宮元主筆の話が出てきて……。

若宮啓文　やっぱり、最近、ショックだったのは、古舘《ふるたち》（伊知郎《いちろう》）だなあ。

里村　ああ。

若宮啓文　あれが（テレビ朝日「報道ステーション」のキャスターを）辞めたあたりを見て、やっぱりね、「（安倍政権は）ほんとにナチスそっくりだな」っていうのが、よく分かりましたよ。ナチス政権なんだよ、安倍政権っていうのは。

里村　ほう。

そうすると、朝日新聞の側だけではなくて、政権側から、政府のほうからも、あるいは自民党側からも、「若宮主筆は面白くないんだ」というような、そういう〝あれ〟はあったのですか。

若宮啓文　まあ、政治家の言語っていうのは、明瞭《めいりょう》ではないからね。それは、そんな、明確に証拠《しょうこ》が残るような言い方はしないけどさあ、「けじめ」っていうのがありますよね？」っていうことは、いろいろと言ってくるわね。要するに、「けじめってありますよね？　言論には、けじめっていうのがあっていいですよね。現実世界が違うほうに動いたなら、やっぱり、けじめが要《い》るでしょうね、けじめが」っていうような言い方をするしさ。

報道機関、まあ、新聞社も全部〝あれ〟だけども、テレビ局も全部、今、押さえ込まれてるじゃない、ねえ？

大川裕太　そうですね。

若宮啓文　〝安倍ナチズム政権〟によってね、だいたい。「総務省が許認可権限を持ってるんだぞ」っていうので脅《おど》されたら、取り上げられたら、そんで終わりだからねえ。

里村　うーん。

若宮啓文　だから、これは恐《おそ》ろしい。もうほんと、これはナチズムじゃないですかねえ。浴室で倒《たお》れたときの状況《じょうきょう》を、よく覚えていない若宮氏

里村　朝日新聞をお辞めになる四カ月ぐらい前に、われわれは、若宮元主筆の守護霊《しゅごれい》様と話をしたのですけれども、それは、ご認識しておられますか。

若宮啓文　いやあ、うーん。

大川裕太　本（前掲『朝日新聞はまだ反日か――若宮主筆の本心に迫《せま》る――』）は読まれましたか。

若宮啓文　それは、それは読んでますよ。

里村　読まれました？

若宮啓文　いやあ、まあ、ほんと夢幻《ゆめまぼろし》のような、浦島太郎《うらしまたろう》の竜宮界《りゅうぐうかい》紀行を読まされたような、そんな感じかなあ。

里村　（苦笑）

綾織　あなたは、お亡くなりになっているんですけれども、ご自身の守護霊さんと……。

若宮啓文　いや、えっ？

綾織　守護霊という存在がいるのですが、お会いになったりしていませんか。

大川裕太　お迎《むか》えの者か何かが来たりはしていましたか。

若宮啓文　「お迎え」って、（質問者を指して）君たちが迎えに来たんじゃないの。うん？

里村　（苦笑）

綾織　では、倒《たお》れられて、話をしたのは初めてですか。

若宮啓文　な、な、な……、何だか知らんけど、（質問者は）朝日の人間じゃないはずだなあ。

大川裕太　元産経の方です（笑）（注。質問者の綾織は元産経新聞記者）。

若宮啓文　じゃあ、閻魔《えんま》大王じゃん、産経だと。

閻魔みたいなもんだよな。

綾織　倒れられて、話をされるのは初めて？

若宮啓文　いやあ、倒れたのかなあ？　まあ、具合はちょっと悪かった……。

綾織　はい。

若宮啓文　いや、湯船《ゆぶね》に浸《つ》かろうとしたような感じなんだが……。倒れたのかなあ？　なんか意識が、ちょっとなくなって……。

里村　「浴室で倒れていた」という報道があります。

若宮啓文　そうなの？　じゃあ、今は、少しリハビリ中なのかな？　よく分からないけど……。

（着ている洋服を見ながら）なんか着てるよな。服も着てるような感じもする……。

綾織　今は、大川総裁の体のなかに入っている状態なんです。あなたはもう霊となられて、大川総裁の体のなかにいます。

若宮啓文　（前掲『朝日新聞はまだ反日か――若宮主筆の本心に迫る――』にある自身の写真とモニターを見比べながら）うーん……。画面に映ってるのと、まあ、少し似てるけど、眼鏡《めがね》かけてないよね、あの人はね。

里村　（苦笑）

若宮啓文　まあ、両方、いい男だな。いい男。

「産経は殺してもいいが、私が殺される理由はない」

里村　今、お亡くなりになった状況《じょうきょう》を詳《くわ》しく訊《き》かせていただいているのは、やはり、あまりにも突然《とつぜん》のことで、まだ六十八歳であられたし、しかも、よりによって北京で、ということで……。まあ、ここは、いろいろな意味で今、国際政治のさまざまな謀略の舞台《ぶたい》にもなる場所の一つなのですけれども。

若宮啓文　うん……。

里村　あなたの死は、まったく予期せざるものでしたけれども、例えば、最近、身辺にそういう危険を感じることなどはございませんでした？

若宮啓文　うーん。まあ、「毒を盛られた」とか、そんなことがあったかどうかは、ちょっと分からんなあ。

まあ、歓迎《かんげい》はされたけども……。

大川裕太　「シンポジウムで、中国政府の都合《つごう》のいいようにしゃべってくれ」と要求されて、それを拒否《きょひ》したりとか、そういうことはされましたか。

若宮啓文　「都合のいいように」って、もう全幅《ぜんぷく》の信頼《しんらい》を得てるから、私なんかは。

大川裕太　なるほど。

若宮啓文　韓国・中国において、私は、「日本の良心」と呼ばれてた者だから。だから、「一言《ひとこと》でも多くしゃべってもらいたい」というほうでしょう。

里村　例えば、韓国のほうも今、政治状況が急激にグーッと変わってきていましてね……。

若宮啓文　ああ、そうそうそう。そうなんだよ。

里村　これは、よく歴史上あることなんですけれども、亡命のときに、諸手《もろて》を挙げて喜んで歓迎して受け入れたほうが、政治状況が変わってきて、亡命で受け入れた人の存在が非常に不都合になるという、そういうことが、ままあります。

若宮啓文　それは、小説の世界だね。

里村　いや、中国史で……。

若宮啓文　えっ？

里村　中国史でもありますし、そういう状況というのはなかったのですか。

若宮啓文　私は、だから……。いや、君のは面白いけどね。スパイ小説としては面白いけどさあ。

里村　いやいや（苦笑）、これは小説ではなくて……。

若宮啓文　いやあ、殺すんだったら、やっぱり、韓国にいた、あの産経の支局長に毒を盛るべきであって、私なんかを殺したって、しょうがないでしょう?

里村　（苦笑）

若宮啓文　それは意味がない。反対なんですから。

大川裕太　そうですね。

若宮啓文　「不老長寿《ふろうちょうじゅ》の薬を飲ませる」というのなら分かるけどね。
　産経は殺してもいいよ。それは当然だわ。

綾織　（苦笑）

3　若宮氏は日韓《にっかん》関係をどう見ていたのか

朴槿恵《パククネ》政権のダッチロールについての分析《ぶんせき》を語る

綾織　昨年末には、慰安婦《いあんふ》問題について、日韓《にっかん》合意がありました。これ自体は、「いろいろ問題があっても、日本と韓国は共同歩調でやらないといけないな」という判断を、朴槿恵《パククネ》大統領がされたと思うのです。

若宮啓文　うーん。あの合意はねえ、両方から評判が悪いんだよな。

大川裕太　そうですね。

若宮啓文　もうひとつなあ、中途半端《ちゅうとはんぱ》。

要するに、韓国から見りゃあ、「もっと徹底《てってい》的な謝罪が必要なのに、こんなところで妥協《だきょう》した」って考えるし、日本から見たら、「なんで、今さらこんな合意が要《い》るんだ」っていう意見もあってね。中途半端で、両方から、「何なんだ、これ？」っていうのがあったけどね。

まあ、急に、朴槿惠政権のダッチロールっていうかなあ、乱気流に巻き込《こ》まれたような感じで、ちょっと政権が危《あや》うくなってきつつあるんだな、今なあ。

里村　ええ。

では、ご自身のことはさておき、そのあたりについて、ぜひ、若宮さんの分析《ぶんせき》をお伺《うかが》いしたいんです。

朴政権のダッチロールを、ずっと韓国にいて見ていらっしゃって、どのように分析しておられますか。

若宮啓文　まあ、やっぱり、一つは、経済的なところは大きいんじゃないかなあ。経済が悪いですよね。

だから、中国に寄っていくことで、それを立ち直らそうとしたけど、中国のほうも、どうも、かなり厳しい状態に今、なってきてるらしいということで。

「そういうことであれば、日本との関係を修復しておかないと、韓国がもたなくなる」っていうことで、非常に、何て言うのかな。舵《かじ》を老獪《ろうかい》に切ろうとしてるんだけど、今まで、反日強硬《きょうこう》路線で支持を得てたからねえ。だから、非常にやりにくい。

それから、選挙でも、なんか負けたかな。

大川裕太　そうですね。

若宮啓文　そういうこともあったから、非常に厳しい状況《じょうきょう》にはあるんじゃないかなあ。ただ、私に毒を盛って、政権が浮揚《ふよう》するなんてことは、それはないと思うな。そんなことはないと思うけどなあ。

あっ！　安倍《あべ》が、そうかあ、「主筆を殺してくれたか。それなら、韓国支援《しえん》をする」

●選挙でも……　2016年4月の韓国総選挙において、与党・セヌリ党は、最大野党・共に民主党の議席を下回り惨敗した。

とか、まあ、そういうことが、もしあったら、もうやられる……。

里村　（苦笑）

大川裕太　若宮さんは、もうご引退されたので、そこまでの恨《うら》みはないのではないかと思います。

若宮啓文　そうかなあ？

里村　ええ。

若宮啓文　いや、わしの首は、安倍には絶対に渡《わた》さんぞ。

「南北で戦争が始まるんだったら、逃《に》げなきゃいけない」

里村　ここで、安全保障上の問題もお伺いしたいのですけれども、先ほど、経済のことをおっしゃったので、それについて、少しお訊《き》きします。

韓国経済が大きく変わったところに、まあ、為替《かわせ》上も、ウォンが非常に不利になったと。

若宮啓文　ああ、うん。

里村　その背景を見ると、「アベノミクスのなかで、安倍さんのやった経済政策によって、日本が円安のほうに向いた」ということも、要素としてあります。

若宮啓文　うん、うん、うん。

里村　このあたりについて、アベノミクスとか、あるいは、日本では今、マイナス金利という方向まで踏《ふ》み切りましたけれども、どのように評価、あるいは分析されているのですか。

若宮啓文　いや、俺《おれ》、ほんとは経済、あんまりよく分かんないんだ。

大川裕太　そうですよね（笑）。たぶん、そうだろうなと思いました。

若宮啓文　ほんとは、あんまりよく分かんねえんだけど。政治学だからな。

里村　（苦笑）はい。

若宮啓文　そっちのほうは、あんまり専門じゃないので、そうずっとはよくは分からないので。うーん……、それについては、ちょっとよく分からないけども、北朝鮮《きたちょうせん》との関係で、この一カ月ほど、いや、一カ月じゃないね。一月ぐらいから、すごい緊張《きんちょう》状態にあってねえ。

里村　はい。そうですね。

若宮啓文　南北緊張で、北の南下、あるいは、砲撃《ほうげき》やミサイル攻撃《こうげき》等があるんじゃないかっていうことで、ちょっと、韓国も居心地《いごこち》が少し悪くなってきてて、「そろそろ中国に逃《に》げたほうがいいかな」とか、ちょっと考えるような時期ではあった……。

大川裕太　韓国では最近、核《かく》武装論が盛り上がってきているかと思うのですけれども。

若宮啓文　ああ、ちょっと出てますね。

大川裕太　若宮さんは居心地が悪くなられたのですか。

若宮啓文　うーん。いやあ、戦争が南北で始まるんだったら、やっぱり、いられないですよねえ？　それは、逃げなきゃいけないですね、どっかねえ。

里村　うーん。

若宮啓文　逃げるとしたら、中国ですよね。

里村　韓国と北朝鮮の関係は急激に悪化したとも言えるのですが、北朝鮮のほうは、むしろ、どんどんどんどん激しくなっています。

あなたは、一九八〇年に、金正恩《キムジョンウン》の祖父に当たる金日成《キムイルソン》に会っています。

金正恩第一書記が今、ここまで強硬路線で来るということは、予想はされていましたか。

若宮啓文　今の人？

里村　今の、金正恩です。

若宮啓文　うーん……。まあ、そういう人ではあるけどねえ。そういうふうには、韓国の人もみんな見てはいますけどねえ。

ただ、一般《いっぱん》には、全体に（北朝鮮の）体制が崩壊《ほうかい》するっていうかねえ、メルトダウンするんじゃないかっていうのを期待して、待ってる感じなんじゃないかと思う。「戦って、どうこうする」っていう考えが強くはなかったけど、今回、米韓軍事演習とかをやったり、日本が、共同防衛みたいなのをやろうとして、そういう動きを強めてきているからねえ。

里村　はい。

若宮啓文　非常に緊迫感《きんぱく》はありましたよねえ。だから、撃《う》ってるミサイルの方向を、ちょっと間違《まちが》えたらねえ、間違えて、韓国のほうに飛んできたりしたら、何が始まるか分からない感じはあったわね。

若宮氏が韓国《かんこく》に〝亡命《ぼうめい》〟した理由とは

里村　先ほど、「亡命」という言葉も使われましたが、なぜ、韓国《かんこく》に行かれたのですか。

若宮啓文　だって、〝安倍の国〟にはいられんでしょう、なかなかねえ。

里村　えっ？

若宮啓文　〝安倍が支配する国〟なんかには、そんな簡単に……。

里村　いや、でも、日本が嫌《いや》であれば、例えばアメリカに、いろいろなかたちで勉強に行くとか。ヨーロッパという選択肢《せんたくし》もありますけれども。

もしかしたら、ご自身のなかに、例えば、南北（朝鮮）の統一とか、何かそういうふうな期待などがおありで行かれたのではないですか。

大川裕太　待遇《たいぐう》がよかったのでしょうかね。

若宮啓文　「統一」まで、私の責任に入ったら（苦笑）……。政治家じゃないから、そこまではないけど。

手のひらを返したような大歓迎《だいかんげい》ですからね、あっちへ行けばなあ。

里村　朝日新聞と、向こうの韓国のいろいろなマスコミ等との関係を考えると、要するに、ポストまで全部、用意されて、「そちらに行ってください」ということで、行ったわけですね？

若宮啓文　うーん。まあ、そうだ。

（綾織を指して）君、産経だって？　君なんかが行ったら、もうほんと、「どうやって逃げ出すか」を、毎日考えると思うよ。盗聴《とうちょう》、監視《かんし》。ねえ？

綾織　ああ、そうですね。

若宮啓文　いつ毒殺されるか分からない。いつ射殺されるか分からない。いつ事故死するか分からない。

大川裕太　入国拒否《きょひ》などもあるかもしれません。

若宮啓文　うーん。それもありえるでしょうねえ。

まあ、いいんじゃないの？　「ザ・リバティ」編集長が、堂々と、真正面から入国して、大統領にインタビューを申し込んだら、どう？　そうしたら、もう帰ってこないかもしれないから。

「日韓併合《にっかんへいごう》という原罪《げんざい》は、千年たっても消えない」

大川裕太　韓国であれば、それこそ政権に反対するようなことを書いたら、裁判に持ち込まれるということがあると思うのですけれども。

若宮啓文　そういうことはあるけど、まあ、それは、「正しくないことをしてはいけない」ということで、日本の首相の悪口は書いても構わないんだけど、韓国の大統領の悪口を書いたら、天罰《てんばつ》が当たるということだね。

里村　天罰？

大川裕太　司法も政治から独立していないですよね？

若宮啓文　うん。まあ、（韓国大統領は）元首だからね。天皇陛下《へいか》の悪口を堂々と一面に書いたりしたら、それは朝日新聞といえども、ただでは済まん。それは、日本でもそうでしょうからね。韓国では、向こうが天皇陛下に当たるわけだからさ。それは言えないわね。

大川裕太　「言論の自由」という面で言えば、リベラルな朝日新聞の方々からすると、韓国の政治体制というのは、それほど歓迎すべきものだとは思われないのではないでしょうか。それは、許容されるのですか、若宮さんは。

若宮啓文　うーん。まあ、とにかくねえ、（日本には）「原罪《げんざい》」があるからね。日韓併《へい》合《ごう》なんていう原罪がある。この原罪は、やっぱり千年は消えないね。

里村　それはもう、朴槿惠大統領のお言葉のようですけれども。

若宮啓文　それは、そのとおりですよ。これは千年は消えないね。やっぱり、一国を日本に併合してねえ。まあ、事実上の〝奴隷扱《どれいあつか》い〟ですよねえ、併合するっていうことは。

大川裕太　ただ、その直前の、日清《にっしん》戦争前までは、朝鮮は中国の保護国のようなものでした。しかし、清が負けたので……。

若宮啓文　中国は、五千年の文化を誇《ほこ》る、堂々たる一流国でしたから。それは、しかたない。

大川裕太　（苦笑）

若宮啓文　長年の中朝の関係から見れば、そういう交流があって成り立ってた国であるから、それには正当性があるけど、日本は倭寇《わこう》の国ですからねえ。まあ、あれはバイキングですよね、一種のね。

「朝日の言論どおりに動けば、日本も悪い国ではない」

里村　ただ、若宮さん、見方を変えると、もし、日本があのとき、韓国と一緒《いっしょ》になっていなかったら、どうでしょうか。韓国だって、今のような民主主義国ではない可能性があるということが、歴史のなかで明らかになってきていると、私は思うのですけれども、いかがでしょうか。

若宮啓文　うーん。まあ、その場合は、習近平《しゅうきんぺい》の国かプーチンの国か、どっちかになってるってことでしょう?

里村　ええ。

若宮啓文　まあ、今よりはいいんじゃないの？　まあ、少なくとも、北朝鮮よりはいいよね。

里村　（苦笑）

若宮啓文　日本より、たぶんいい。

大川裕太　（韓国が）北朝鮮と同じような体制になる可能性も、高かったのではないでしょうか。

若宮啓文　いや、「韓国がどうか」っていっても、まあ、韓国も、アメリカみたいな国とは、ちょっと違うわねえ。古い伝統を守ってる国なんでねえ。ちょっと違うかなあ。

里村　では、韓国は、必ずしも、居心地がいいとか、若宮さんから見て素晴《すば》らしい国だというわけではないのですね？　そういう国に値《あたい》しないわけですか。

若宮啓文　いや、日本だって、「朝日」の言論どおりに政治が動いて、人事ができる国なら、そんなに悪い国じゃないですけどね。

里村　ほお。「朝日の言うとおりに」ですか。

大川裕太　若宮さんが、入社されて数十年の間は、「朝日」の言論は日本の〝国是《こくぜ》〟であったと思うのですけれども、そういう時代には……。

若宮啓文　うん。裁判も、朝日新聞の記事で裁判はされたし、社説で書けば、有罪にも無罪にもできるし。まあ、大臣のクビぐらいは、私ぐらいの人が一人、記事を書けば、それで飛ぶ〝あれ〟だったわねえ。

里村　いや、まさにそうなんですよ。

例えば、三木武夫《みきたけお》総理の時代にロッキード事件が起きましたが、あのあたりにかかわったときに、政治部で活躍《かつやく》されていたんですよね？

若宮啓文　うん。

里村　まさに、最大の力を振《ふ》るっていたと思うのですが、いかがですか。

若宮啓文　うーん……。いやあ、「朝日」しか新聞はなかったからね。あとのは〝雑文集〟だからさ。

4　朝日新聞社が謝罪した慰安婦《いあんふ》報道について訊《き》く

安倍《あべ》政権による朝日新聞への圧力があった？

綾織　ただ、若宮さんが朝日新聞社を退社されたあと、今の安倍《あべ》政権のときに、朝日新聞は慰安婦《いあんふ》問題で謝罪をし、朝日新聞の権威《けんい》がかなり落ちて、同時に部数も落ちていったと思います。これについては、どのようにご覧になっていましたか。

若宮啓文　いやあ、日本の新聞は朝日しかないからね。まあ、クオリティ紙でも、たまには、そりゃあ、攻撃《こうげき》されることもあるけれども。読売新聞からしてスポーツ紙でしょ？　だいたいね。だから、読売ジャイアンツのニュースだけ中心に編集してるスポーツ紙ですからね、読売はね。

里村　しかし、今、綾織のほうから指摘《してき》があった……。

若宮啓文　産経もスポーツ紙じゃなかったっけ？

里村　いや、いや（苦笑）。別にスポーツ紙もありますけれども……。

綾織　正論路線でやっていると思います。

里村　若宮さんが朝日を退社された翌年（二〇一四年）八月に、朝日新聞が、ある意味では歴史的といっていい、慰安婦問題についての報道が間違《まちが》っていたことを認めたわけです。

若宮啓文　認めたの？　本当に。

まあ、一部、認めてもいいかのような記事を書いたやつがいるけれども、それは、また時代の潮流が変われば、いくらでも変えるんじゃないの。

大川裕太　なるほど。やはり、安倍政権になってから、「(誤報を)認めろ」という圧力が、朝日新聞にかかってきたような感じがありますけれども。

若宮啓文　それはかかってるよ。まあ、それはもう有象《うぞう》無象《むぞう》いっぱい、えらいかかってるよぉ。

大川裕太　そうですよね。

若宮啓文　やっぱり、取材なんか意地悪しようと思ったら、簡単にできるじゃないで

従軍慰安婦問題の記事を取り消した件について、新聞紙面上で謝罪の記事を掲載した2014年9月12日付朝日新聞朝刊。

すか。会わないとか、そういうのは簡単に。

大川裕太　ああ、なるほど。

若宮啓文　「朝日の取材を受けない」とかやったら、事実上できるでしょう？　そういうことはできるしさ。

大川裕太　「W・iLL《ウィル》」や「正論」などでの追及《ついきゅう》も、とても激しかったと思うのですが、ああいった攻撃は、それほど堪《こた》えないですか？

若宮啓文　ああいう〝ドブネズミ雑誌〟はどうでもいいよ。

大川裕太　（苦笑）そうですか。

「元慰安婦《いあんふ》への取材は、日本政府に代わっての慰《なぐさ》めだった」

里村　例えば、「霊言《れいげん》」というかたちで、「従軍慰安婦《じゅうぐんいあんふ》の強制的な連行は間違いである」ということも明らかになったりしています（注。『神に誓《ちか》って「従軍慰安婦」は実在したか』〔幸福実現党刊〕等参照）。

若宮啓文　まあ、そんな本を読んでる人はいないから。そりゃ、もう日本人の枠《わく》のなかへ入らない人たちだから。

里村　ただ、ご自分でこれは読まれましたよね？

若宮啓文　ええ。まあ、これはしかたがないよ。これは、してもしょうがないからさ。

綾織　ほかにも、二〇一二年ぐらいから慰安婦問題について、さまざまな霊言やりーディングがあって、そのあと、マスコミからも政権側からも、慰安婦問題について、朝日新聞に対する強硬《きょうこう》な圧力というものが始まっているんですよね（注。『従軍慰安婦問題と南京大虐殺《ナンキンだいぎゃくさつ》は本当か？——左翼《さよく》の源流 vs. E. ケイシー・リーディング——』『南京大虐殺と従軍慰安婦は本当か』〈共に幸福の科学出版刊〉参照）。

若宮啓文　いやあ、どうせ、そういう霊言はねえ、元産経の記者あたりがさあ、〝ゴースト〟で書いてるんだよ。

里村　（苦笑）

綾織　いや、いや。まさにこういう状態で収録しているんです。私は何も書いていませんから。

若宮啓文　書けるよ、書けるよ。産経を辞《や》めたフリーライターだったら、そんなの書けるよ、そんなものさあ。

綾織　いえ、いえ。

若宮啓文　ハッハッハッ（笑）。

里村　何の準備もなく、こういう公開されたところで霊言が行われているんですよ。

若宮啓文　公開ったって、ここは北京《ペキン》のホテルなんだからさ。公開してないよ、これ。

里村　北京のホテルですか？

若宮啓文　（聴聞《ちょうもん》席を指して）あと、〝警備員〟が、いっぱいいるだろうが。

綾織　この霊言は、しっかりと映像で残っていますので。

若宮啓文　ふーん。

大川裕太　韓国《かんこく》に行かれたときに、元慰安婦の方とお話はされましたよね？　取材などをされたことはなかったのですか。

若宮啓文　それは、まあ、やりましたですけど、取材なんてもんじゃなくて、もう聞くも涙《なみだ》で、〝あれ〟ですから。本当にねえ、政府に代わって謝罪しながら、慰《なぐさ》めて……。

天皇陛下《へいか》がなんかねえ、災害に遭《あ》ったところに行って、体育館でいろいろ聞いてあげてるようなねえ。皇后《こうごう》陛下と一緒《いっしょ》にね、「大変でしたねえ、この度《たび》は」みたいな、まあ、あれに近いですよ、事実上ねえ。

だから、日本政府に代わって、私が彼女らの痛みを聞いてあげるということであって、取材というレベルのもんではなかったですね。

韓国《かんこく》に〝亡命《ぼうめい》〟した本当の狙《ねら》いとは

里村　繰《く》り返しになりますが、二〇一四年に朝日新聞が従軍慰安婦の報道の間違いを認めました。元主筆として、これはよくないことでしたか。それとも……。

若宮啓文　いやあ、言論っていうのは、そういうねえ、〝弾《たま》〟がきついときには、〝弾避《よ》け〟をつくるもんだから、まあ、信じてない……。

あのねえ、新聞って、「一日たったら、みんな忘れてる」と、みんな知ってるから。

いちいち、「昨日《きのう》、何が書いてあった？　じゃあ、昨日の見出しは？」って言われて、言える人は、まず朝日新聞社にもいないぐらいですから、普通《ふつう》は。だから、そういう質問はしないんですよ。「その日仕事」なんで。

綾織　確かに、謝《あやま》ったようでいて、実際には……。

若宮啓文　謝ってなんかいないよ。

綾織　まあ、「広義の強制性があるんだ。人道的な問題で、やはり強制されているんだ」というスタンスは変えてないですよね。

若宮啓文　とにかく、今の政権を〝過ぎ越《こ》す〟ことが大事であるので。

綾織　ああ……。

●四億円脱税　2009年2月23日、東京国税局の調査を受け、朝日新聞社が出張費の過大計上等により、7年間で約4億円の所得隠しを指摘されたこと。

若宮啓文　とにかく、余計な弾圧《だんあつ》を受けたり……。

悪いことをするからねえ。国税庁とか使って、またゴソゴソやるからさあ。「四億円脱税《だつぜい》」とか、あんなのやられると、信用が失墜《しっつい》するっしょ？

それから、今、「実際に売れてる部数と刷ってる部数が違うんじゃないか」と言って、けっこう突《つ》かれてるから、このへんは、だいぶいろいろ捜査《そうさ》が進んでるからさあ。こんなあたりを一大キャンペーンやられたら敵《かな》わんから、これを止《と》めなきゃいけないしさあ。

大川裕太　日本にいたら、詐欺《さぎ》罪等で逮捕《たいほ》される可能性があったのではないですか。それで〝亡命〟したのではないですか。

若宮啓文　いや（苦笑）、それ、私が別に詐欺罪に問われる必要はないけどさあ。そりゃ、捕《つか》まるのは社長と営業局長のほうだろうからさ。

●実際に売れてる部数と刷ってる部数が……　2016年3月末、朝日新聞社は、新聞社が販売店に宅配部数以上の余分な新聞を押し付けて買い取らせる「押し紙」について、公正取引委員会から「注意」を受けている。

里村　（笑）ただ、そうすると、もし安倍政権が代わった場合には、何らかのかたちで、日本の言論界に復活されるご意図《いと》も用意してありましたね？

若宮啓文　そりゃそうよ。それが人事じゃないですかあ。

大川裕太・里村　ほおお。

若宮啓文　それが人事でしょう？

里村　なるほど。

若宮啓文　その間に力を蓄《たくわ》えるために、韓国《かんこく》や中国の勉強をしてるんじゃないですか！

里村　ああ、それで、韓国、あるいは、中国とのパイプをさらに太くする……。

若宮啓文　うーん、そう、そう。「朝日」に帰ったら、そのとき、韓国と中国との関係がグーッとよくなる。朝日の言論によって、日本の国はよくなる。まあ、そのときを待ってるわけじゃないですかあ。

里村　ああ、それは役割として、よく分かります。

若宮啓文　分かるっしょ？　だから、よくある話じゃない？　昔の軍記物でもねえ、一時期、退避《たいひ》しながら力を蓄える。

まあ、そういう感じで、こちらでコネクションをつくっていたわけだからさあ。

「民主党政権の誕生で、長年の努力が実った」

大川裕太　ただ、日本の国論としては、二〇〇九年から二〇一二年の民主党政権のときが、「朝日」にとってはいちばん都合《つごう》のいい状況《じょうきょう》というか、やりやすかったときなのだろうとは思うんです。

若宮啓文　まあ、そりゃあ、そう。いやあ、「長年の努力が実った」という感じではあったんかなあ。

大川裕太　そうですね。やはり、これを逃《のが》したのは大きかったですか。

若宮啓文　（舌打ち）「逃した」っていうのか、実現はしたんだけどさあ。天災が起きたりしてさ。東日本大震災《だいしんさい》が起きたりして。政権がちょっと、不運だったんじゃないかなあ。

里村　ただ、三年半前に守護霊様《しゅごれい》にお伺《うかが》いしたときも出た話ですが、予想以上に、中国が尖閣《せんかく》諸島に対して強く出てきたりしました。三年半前から見ると、今は本当に中国の暴走というものが激しくなっているのです。

こういう部分も、そもそも三年半ぐらい前から始まっていたのですが、予定外のところはあったのではないですか。

若宮啓文　いやあ、「暴走」っていうか、旧日本軍が中国でやった悪事の数々から考えたら、彼らは、まだちょっとホタルが飛んでる程度のもんですよ、やったことは。

里村　いや、しかし、三年半前、若宮さんの守護霊様は、「三十万人の南京虐殺があったとは信じてないけど」とおっしゃっていました。

若宮啓文　ああ、守護霊って、やっぱり悟《さと》りが低いんだねえ。

里村　そうですか。悟りが低い？

若宮啓文　うん、地上でもう一回勉強しなきゃ駄目《だめ》だね、それはね。

里村　ほおお。

そして、守護霊様は、「南京大虐殺は、日本の軍事拡大を抑《おさ》える、ビンの蓋《ふた》なんだ」ということもおっしゃっていたのです。

若宮啓文　うーん。まあ、ちょっと頭がいいところもあるのかなあ。

5　中国の人権弾圧《だんあつ》に対する若宮氏の認識を問う

「沖縄《おきなわ》が中国に帰属しても、どうってことない」

里村　中国は、その後、三年半で、南シナ海で滑走路《かっそうろ》をつくって、ミサイルやレーダーも配備しています。これはどうですか。

若宮啓文　それ、やっぱねえ、どちらの立場に立つかであって、もし、それを米軍がやってるんだったら、君たちは、何も心配しないんでしょ？

里村　いや、「米軍がやったら」というか、そういうことはないですから。

大川裕太　中国が、いちおう実効支配しているところですから、「そこに基地をつくった」というのは、単に「自分の領土に基地をつくった」ということだと考えるのでしょうかね。

若宮啓文　でも、最悪を考えてさあ、尖閣《せんかく》を向こう（中国）が力で取りにくることに対抗《たいこう》できない場合、アメリカが動かなくて、それで自衛隊じゃあ、とても勝てないけど。

「あっという間に〝三日城《みっかじょう》〟をつくられて、あっという間に建物をつくられて、人をいっぱい置かれて、軍人をいっぱい送り込《こ》まれて、軍艦《ぐんかん》をいっぱい着けられて、全然近寄れないようになってしまった」みたいなのが、ある日、突然《とつぜん》起きる可能性はあるんだろうし。

まあ、最悪を言えば、それは沖縄の知事とつるんで、「中国に帰属しよう」みたいなことをやることもあるんだろうけど。

だけど、それは、どうっていうことはないじゃない。そういう時代もあったんだからさ。

里村　（苦笑）

若宮啓文　自分たちが行きたくて行くんだったら、しょうがないじゃない。「強制的に取られる」というよりは、沖縄の人たちの民意で、「日本の安倍《あべ》政権に、無理やり〝従軍慰安婦《じゅうぐんいあんふ》〟にされるんだったら、それよりは中国につきたい」っていうんだったら、しょうがないじゃない。

「アベノミクスという魔法《まほう》でたぶらかしている」

大川裕太　ただ、それが民意かどうかというと、われわれとしても、「メディアがつくっているところがあるのではないか」と、危惧《きぐ》はしています。

若宮啓文　メディアっていうのは、いちおう建前《たてまえ》ではあるが、民意を受けて記事を書いてる。

大川裕太　それは、どうなのでしょう？

里村　ええ。それは、実態とはかなり違《ちが》う感じがいたします。

大川裕太　例えば、安倍政権が発足《ほっそく》したというのが民意だとすれば、「朝日新聞の社《しゃ》是《ぜ》というのは民意ではない」ということになると思うのですけれども。

若宮啓文　うーん、だけど、いつも批判を背負っているのは……。

まあ、今は、やや批判が少なめではあるけれども、政権が発足して三年もたてば、支持率は二、三十パーぐらいになっていて、反対する人が五十パーを超《こ》えてるのが普《ふ》通《つう》だからね。だいたいそうなってるから。

うーん、安倍さんの人気取りが、うまいことやってはいるんだろうとは思うけど、そりゃねえ、いずれ見放されますから。五十パー以上が反対っていうか、退陣《たいじん》を求めるようになるのは時間の問題ですから。

また「アベノミクス」っていう魔法《まほう》みたいなもんで、たぶらかしてるのよね、みんなをね。「これ、もっとよくなりますよ。よくなりますよ」って。あいつ、ちょっと魔術師か何かの系統を引いてるかもしれないね。

里村　そこは、われわれも安倍さんに対しての見方のなかに、同じ思いを持つところもあります。

若宮啓文　ああ、そうか！　うん、よし、よし。

中国の人権弾圧《だんあつ》を批判しない理由

里村　ただ、南シナ海の部分で、もう一つ言わせていただくと、今回……。

若宮啓文　南シナ海だから、「シナ」は中国じゃないか。〝南中国海〟ですよ。

里村　（苦笑）まあ、そういうことなんですけどね。

若宮啓文　中国の海なんだから、いいじゃないですか。

里村　いや、いや。中国は軍事的な拡大を進める一方、この三年半の間に、習近平《しゅうきんぺい》政権の言論のほうの締《し》めつけが非常に厳しくなっています。

若宮啓文　うーん、まあ、知らないよ。

里村　知らない？（苦笑）

若宮啓文　そんな厳しいかな？　いつもどおりなんじゃないの？

大川裕太　「もともとそうだ」と言えば、そうですけれども、香港《ホンコン》のあたりでは……。

若宮啓文　いつもどおりなんだけど、今はインターネットとか、その他、いろいろなもので情報が流れやすいのでさ。まあ、漏《も》れてくるから、そういうふうに大きくなったように見えてるだけで、もともと一緒《いっしょ》なんだと思うんだけどなあ。

里村　ただ、データを見ましても、胡錦濤《こきんとう》政権の十年より、今の習近平政権の三年で、逮捕《たいほ》された人権派の弁護士だったり、言論人だったり、民主活動家が十倍ぐらいになったという話もあるんですよ。

若宮啓文　いや、それはねえ、「逮捕してる」っていう数字が公開されてるっていうこと自体が、すごい異例なことだから。今の政権は、すごく透明《とうめい》性が高いんだよ。

里村　それは、透明性ですか？

綾織　透明性があるから、いくら逮捕されてもいいのですか?

若宮啓文　昔は黙《だま》って逮捕して、殺せばいいわけだから。

里村　いや、それは「見せしめ」でやっているんですよ。中国というのは、ほかの者を抑《おさ》えるために、必ず「見せしめ」をやる国なんです。

綾織　元朝日新聞の主筆の方ですので、言いたいのですけれども、朝日新聞は人権を大事にするリベラル系のメディアであると思います。やはり、そういう立場であれば、中国の方々に対しても、「一人ひとりの人権や幸福を護《まも》る」ということを言論として言わないといけないと思います。

若宮啓文　やっぱりねえ、一時期、日本という〝先生〟がねえ、そういう暴虐《ぼうぎゃく》の限りを尽《つ》くしてさ、本当に「昔の中国の悪王も、かくばかりか」っていうやつを見せたから。今の中国の支配者たちは、その影響《えいきょう》を受けてね、ちょっとまねしてみたくなるところが一部あるのかもしれないが。戦前の日本は、今の中国みたいなもんだったと思うんだよなあ。

だから、それにだいぶ洗脳されたやつがいるしさあ、勉強した人もいるからなあ。

大川裕太　そういう中国の姿勢に対して、「反体制」の言論ということで、メディアとして批判したいとは思われないのですか。政権に都合良く、「新華社《しんかしゃ》通信」や「人民日報」のように、政府の発表そのままの記事を書いていて、ジャーナリストとして面白《おもしろ》いですか。

若宮啓文　うーん、まあ、「原罪」があるからねえ、やっぱりね、それは。

日本の「原罪」とは何なのか

里村　最近の霊言《れいげん》では、同時代に活躍《かつやく》された方、あるいは、もう亡《な》くなっている自民党の総理の方で、「原罪」という言葉を口にする方が多いのです。改めてお伺《うかが》いしますが、「原罪」というのは何ですか。

若宮啓文　だから、やっぱりさあ、まったく罪もない中国人民を帝国《ていこく》陸軍が襲《おそ》ってねえ、爆撃《ばくげき》もしたし、化学兵器では殺すしさあ。それから、民間人もいっぱい殺すしなあ。略奪《りゃくだつ》、暴行、従軍慰安婦、もうやりたい放題やったわけだからさあ。

里村　それについて、若宮さんはジャーナリストとして、裏を取られましたか?

若宮啓文　まあ、裏を取らなくても、要するに、日本人の悪を追及《ついきゅう》するのが、日本のジャーナリストの使命なんだからさ。中国の悪を追及したってしょうがないんだよ。

里村　いや、例えば、昭和十二年の「通州《つうしゅう》事件」といわれる事件でも、当時、通州というところにいた何の罪もない日本人を、最初に虐殺したのは中国側ですよね？

若宮啓文　二百人ぐらいでしょう？

里村　「二百人ぐらい」!? いや、それは、ちょっと……。

若宮啓文　もう、あんたたち（日本人の側）が殺したのは、二十万、三十万という数だからねえ。

里村　いや、いや、いや。それは向こう（中国）の言い分です。
　それにしても、朝日の主筆だった方から、「二百人ぐらい」という言葉が出るというのは……。

●通州事件　1937年7月29日に北京近郊の通州で起こった、中国人保安隊による、日本軍人および日本人居留民襲撃事件。在留日本人385名のうち223名が虐殺された。

若宮啓文　たまたまよ。それだったら、事故。バスの一台や二台が橋から落ちたぐらいのもんだよ。

里村　いや、いや。女性や子供まで殺されてますよ。私も写真を見ました。あれは南京《ナンキン》事件と違って、しっかりと写真付きで報道がありました。筆舌《ひつぜつ》に尽くしがたい虐殺状態でしたよ。

若宮啓文　中国は人口が多いからねえ。だから、地震《じしん》が起きたら十万人ぐらい死ぬところだからさあ。まあ、そういう小さな数は、あんまり気にしないんだよ。

里村　いや、いや、いや、待ってくださいよ。「仕掛《しか》け」というのが、いつもそうなんですよ。満州《まんしゅう》のほうでもそうでした。パトロールというか、視察に来ていた日本の官憲を虐殺したりしたことがあったわけです。

若宮啓文　そんなの言ったって、日本だって、そりゃあ、「ヘイトスピーチ」とかいって、今、けっこういじめてんじゃないかあ。在日の人たちをねえ、ああいうところで。

里村　それは、ヘイトスピーチをやっている人の品性というものが疑われているわけです。

ただ、間違《まちが》ってはならないのは、「言論」の部分でやっていることと、それとは違うというところです。

若宮啓文　いや、それは当然じゃないですか。だから、外国の軍隊が来てだねえ、中国本土のなかで居座《いすわ》ってるわけで。それはねえ、本当は軍人であろうと一市民であろうと、母親であろうと子供であろうと、そういう外国の軍隊、日本人が偉《えら》そうにしてるやつを、もし武器を持ったら、弓矢であろうが、竹槍《たけやり》であろうが、銃《じゅう》であろうが、撃《う》ち殺すっていうのは、それは正義でしょう。

里村　ほお。

若宮啓文　それはそうでしょう。

6 「軍事力」「平和」「正義」の関係について考える

日本軍が果たしていた役割を否定する若宮氏

大川裕太　例えば、満州国《まんしゅうこく》については、「日本の侵略《しんりゃく》、傀儡《かいらい》政権」というふうによく言われますけれども、当時は、イギリスの外務省のほうも、これはもともと日本の勢力圏《けん》だから、日本が満州国をつくったことについて、「別にそれは、おかしいことではない」という見方をしていたわけです。

ただ、「唯一《ゆいいつ》アメリカだけが反対した」ということも、歴史としてはあります。

若宮啓文　それは、イギリスは、あれだろうよ。そこまで行って、自分たちが支配するだけの気概《きがい》もなけりゃ、経済力も、もう、なくなってたんだろうからさ。近くの国である日本に見させときゃいいと思ったんだろうけど。

アメリカは、確かに植民地がちょっと不足しとったから、もっともっと取りたかったんだろうからさ。本当は、満州ぐらい、アメリカの植民地にしてやれば、先の戦争もなかったのかもしらんけどな。

里村　いや、単純にそうとも言えないと思うんですよね。

大川裕太　当時、中国にいたのは、日本人だけではありませんでした。租界《そかい》には、欧《おう》米《べい》人が、かなり入植《にゅうしょく》しておりましたし、欧米人は、内陸から攻《せ》めてくる中国人たちが暴《あば》れて租界を襲《おそ》うことを、最も恐《おそ》れていたとも言われています。その意味では、日本軍が、治安維持《いじ》の役割を果たしていたわけです。

若宮啓文　いや、それは、ちょっと「出すぎ」なんだよなあ、やっぱりなあ。
　だから、当時の事情は、まあ、昔だから分からないけども、今の感じで言えば、「アフリカの治安のために、自衛隊がアフリカの各国に駐屯《ちゅうとん》している」ような感じで、

「ちょっと、やりすぎじゃないか」っていう、まあ。

綾織　そうなんですけれども、当時としては、「少なくとも、東アジアは、ある程度、日本の責任である」というのが、国際的な合意ではあったわけですよね。

若宮啓文　だけど、熊本《くまもと》の大地震《おおじしん》があったからってさあ、中国軍が来てさあ、あそこに十万人駐屯してごらんよ、例えばなあ。

綾織　ただ、当時の中国はものすごく荒《あ》れていたわけですよね。いろいろな軍閥《ぐんばつ》があって、お互《たが》いに戦っていて、「中国の人たちが、平和ななかで生活できなかった」というのが大きいんですよ。そこに日本人もいましたので、日本軍も存在して、治安を維持していたわけです。

若宮啓文　まあ、それは……。

「バランス・オブ・パワー」に関する見解の相違《そうい》

大川裕太　それに加えて言えば、若宮さんの恩師に当たる方で、国際政治の専門家である坂本義和《さかもとよしかず》先生がいらっしゃいますが、坂本先生が提唱されていた議論のなかに、大国間の「バランス・オブ・パワー（勢力均衡《きんこう》）」というものがあると思います。

若宮啓文　うん、そう、そう、そう。

大川裕太　ただ、「バランス・オブ・パワー」の理論を追究していくと、こんなふうになります。

バランス・オブ・パワーの典型としてよく使われる例としては、「イギリスが、十九世紀、ナポレオン戦争や、それ以降の戦争において、国々の合従連衡《がっしょうれんこう》の体制をつくる」というものがありました。

若宮啓文　うん、うん。

大川裕太　イギリスにとって、もっとも国益に適《かな》うことは、ヨーロッパ大陸の国々が連合しないことでした。ドイツやフランス、ロシアなどの、大陸の国々が反目《はんもく》し合っていると、イギリスは自国の安全保障のための海軍が少なくて済み、植民地政策に集中できるので、都合《つごう》がよかったのです。

若宮啓文　うん、うん、うん、うん。

大川裕太　そのため、イギリスは、国益を護《まも》るために、大陸の国々が連合しないようにと画策《かくさく》し、干渉《かんしょう》していったのです。これが、バランス・オブ・パワーの理論の原型なのです。

若宮啓文　まあ、そういうとこはあるわなあ。

大川裕太　となるとですね、当時の日本にとっての国益は、中国大陸が一つにまとまらず、分断して、内部で反目することです。そして、バランス・オブ・パワーの理論からすると、日本はそのバランスを保つために、大陸に干渉して構わないわけです。そういうふうに、バランス・オブ・パワーの理論からは導き出されるわけなんですよね。

若宮啓文　いや、それはねえ、ちょっと違《ちが》うんだな。「中国が強大な国で、統一国家をつくられると日本が侵略される恐れがある」っていうようなときだったら、そういうふうにしたいという考えは分かるけど、「中国が弱小で、いろんなイナゴに蝕《むしば》まれるみたいに、いっぱいやられてる」ようなときだったら、それは、バランス・オブ・パワーの問題とちょっと違うなあ。

大川裕太　ただ、当時、中国には、人口が四億から五億ありまして、日本は、六千万から七千万と言われていたときです。また、蔣介石《しょうかいせき》や毛沢東《もうたくとう》が、統一国家をつくろうと画策していたときですので。

若宮啓文　まあ、日清戦争で勝ってるからねえ、もうすでにねえ。だから、「『国対国』で戦ったら、日本は強い」っていうのは分かってた時期だから。それを侵略するかしないかは、武士の情けというか、まあ、正義の問題だろうなあ。

竹島《たけしま》については「欲望が強いほうが支配するのはしかたがない」

里村　このバランス・オブ・パワーについては、いろいろと政治家が考えたりしているわけですが、まあ、戦略論としては分かるんですよ。例えば、かつて、「ソ連とアメリカがずっとやり合っているところに、逆にバランスが働く」というようなことですよね。

ただ、ジャーナリストとしては、若宮さんは、それが正義であっていいというふうにお考えですか。

若宮啓文　いや、とりあえず、どういうかたちでも、まあ、平和が維持される状態であればいいじゃないですか。

だから、竹島《たけしま》だって、韓国《かんこく》が占拠《せんきょ》しているわけだろうし、日本から言えば、これは「日本固有の領土」なんだろうけども、竹島に韓国の大統領が上陸しても、それをグッと我慢《がまん》して忍耐《にんたい》の姿勢を示すことで韓国との友好が保たれるわけで。その島一つ、無人で、日本人が住んでない島一つのために、怒《おこ》って戦争をやったりしたら、これは何十万人もの人が死ぬことになるわけだから。

里村　ほお。

若宮啓文　何十万人もの人が、お互いに血を流すようなことになるんだったら、島一つぐらいの利害は棚上《たなあ》げして。まあ、欲望の強いほうが支配してるのを放置するのは、しかたないじゃないですか。

「沖縄《おきなわ》に選択《せんたく》権があるから、独立しても構わない」

大川裕太　ただ、その論理で行くと、沖縄《おきなわ》本島や小笠原《おがさわら》、あるいは、今問題になっている沖ノ鳥《おきのとり》島、さらに言えば、九州、四国など、こういったものも全部、〝無血開城〟していく流れになるのではないでしょうか。

若宮啓文　やっぱり、「沖縄が中国に取られてたまるか」ということで熱意が燃えるなら、そらあ、沖縄を支援《しえん》して防衛強化してもいいとは思いますけど。沖縄は日本から逃《に》げたくて逃げたくて、「日本に戻《もど》してもらって、戻ったら幸福になれると思ったのに、全然幸福になれない」って言って、不満いっぱい持ってるんだから。

それで、沖縄には選択《せんたく》権があるわけだけど、日本政府に敵対するような人を県知事に選ぶっていうことは、やっぱり、いつでも離脱《りだつ》できる姿勢っていうか、まあ、台湾《たいわん》と同じようになろうとしてる動きは感じるからさあ。

里村　うーん。

若宮啓文　正義はどこにあるか、それは分からない。

里村　まあ、「選択権が沖縄にある」っていう考え方が……。

若宮啓文　それは沖縄にあるんだよ。

里村　いえ、そもそもおかしいと思うんですよ。

若宮啓文　まあ、沖縄の人たちのための沖縄だから。

大川裕太　ただ、「沖縄の民意」といったところで、今の翁長《おなが》県知事も、圧倒《あっとう》的多数でもって当選したわけではありません。翁長さんが当選した県知事選のすぐあとに行われた宜野湾《ぎのわん》市長選では、保守系の候補が当選する、というようなこともありました。

若宮啓文　だけど、まあ、よくやってるじゃないか。鳩山《はとやま》さんたちは、沖縄問題であれだけつまずいてねえ、みんな苦しんで、結局、沖縄問題が、ある意味では、政権崩《ほう》壊《かい》の引き金になったとは思うんだけど。

大川裕太　うーん。

若宮啓文　「安倍《あべ》さんの強権の、この〝ヒトラー政権〟になって、それでも屈《くっ》しないでまだ沖縄県知事が頑張《がんば》ってる」っていうのは、これは、〝レジスタンス〟としてそうとうなもんであってねえ。

里村　ただ、その結果、例えば、日本の独立が脅《おびや》かされるとか、日本国民の生命、安全、財産が脅かされるとかいうところについては、若宮さんは、あまりお考えにはならなかったわけですか。

若宮啓文　いや、日本が再度、軍事国家になって、近隣《きんりん》の国を侵略するぐらいだったら、それは、沖縄が独立するぐらいのほうがいいねえ、私は。

「アベノミクスは約束違反《いはん》になった」

里村　いや、ちょっと待ってください。若宮さんは、朝日新聞の主筆という立場でいらっしゃいました。政治家との付き合いもおありだった立場で、「今の日本が、本当にこちらから一方的に侵略に乗り出す」なんていうことがありえると思われますか。

若宮啓文　いやあ、安倍はそう思っとるでしょう。本心はそうでしょう。だから、「憲法がうっとうしい。あの硬性《こうせい》憲法の手続きがうっとうしい。あれさえなけりゃ」って。

自分の考えで全部やれるんだったら、米韓の、北朝鮮《きたちょうせん》に圧力かける軍事演習に、自衛隊ももう参加してやっとるよ。安倍ならやってる。ついでに、ちょっと道外れて、上陸したいぐらいだろうよ、北朝鮮に。ええ？　それはやってるだろう。

里村　いや、安倍さんは、むしろ今、いわゆる左と言われるような人たち、リベラルと言われるような人たちを取り込《こ》む方向の政策に一生懸命《いっしょうけんめい》です。

若宮啓文　うーん、まあ、バラマキっていうのは、昔からあるからなあ。それに、結局、アベノミクスが失敗したのを知ってるからさあ。だから、補助金をばら撒《ま》いてるんでしょう？　約束違反《いはん》になったから。「景気回復して、みんな豊かになりますよ」って言ったのに全然ならないから、結局、撒いて撒いてしてんじゃないの？

里村　でも、バラマキの方向は、若宮さんからご覧になったら、いいんじゃないですか。「貧困の解決」ですから。

若宮啓文　やっぱり、嘘《うそ》をつかずにやったほうがいいよねえ。だから、もともと、ちゃんと、そういう「弱者を救う」という名目《めいもく》で、もとからそういう基本政策でやるならいいけど。

里村　うん。

若宮啓文　もう、「みんな金儲《かねもう》けさせてやる」と。それで、「特に、強者から先に儲けさせて、トリクルダウンで、あと、みんな潤《うるお》うんだ」っていう嘘をついてて。そのとおりにならないので、しかたなく補助金を撒いてるみたいなのは、やっぱり、頭が悪い証拠だよね。

若宮氏から見ると「次の首相」は誰《だれ》がよいのか

大川裕太　今、若宮さんから見て、誰《だれ》が次に首相になるといちばん都合《つごう》が良いですか。

若宮啓文　うーん、それは、民進党ができたんだから、岡田《おかだ》（克也《かつや》）だろう。

大川裕太　岡田首相になったらやりやすいですかね、やっぱり。

若宮啓文　うーん……。

大川裕太　あるいは、自民党の中だったら、安倍さん以外に誰あたりがやりやすいように感じますか。

若宮啓文　そらあ、やっぱり幹事長の彼がなるだろうとは思うけど。

里村　谷垣《たにがき》（禎一《さだかず》）さん。

若宮啓文　うーん、まあ。

綾織　谷垣さんだったら帰ってこれる、と。

若宮啓文　いや、安倍とかを駆逐《くちく》してくれればね。

里村　〝院政〟とか、そういう影響《えいきょう》をなしにしたら、日本に帰ってきて復帰できますか。

若宮啓文　まあ、小泉《こいずみ》（純一郎《じゅんいちろう》）みたいに〝放り出して〟くれればね、ちゃーんと。放り出して、干《ほ》し上げてくれれば、そら、帰れるわねえ。

綾織　まあ、もう亡《な》くなっているので、地上での復帰は関係ないと言えば「関係ない」んですけど（笑）。

若宮啓文　え？　え？　え？　何を言っているのか分からないな。

7　若宮氏に「プーチン会見」のいきさつを訊《き》く

「プーチンが何を言おうとしているか、分からなかった」

里村　もう一つ、重要なこととしてお伺《うかが》いしたいのは、今日の朝日新聞で、ナベツネさんがおっしゃっていたことなんです。彼が、「訊《き》きたかった」ということを、私も訊きたいんです。

若宮啓文　おお、おお、おお。

里村　二〇一二年に、若宮さんが、プーチン大統領から、北方領土返還《へんかん》に関して、「引き分けを望んでいる」、あるいは、「『始め』の号令をかける」と。つまり、「議論を、ちゃんとスタート地点からしたい」という言葉を引き出したのは、私は素晴《すば》らしいと思います。また、ナベツネさんも、そのあたりの経緯《けいい》を直接訊きたかったようなんですね。

若宮啓文　うん。

里村　やっぱり、若宮さん個人としては、「何とか、北方領土をロシアから日本に戻《もど》したい」という思いが、日本人としておありだったわけでしょうか。

若宮啓文　いや、特にない。

里村　ない（笑）。

若宮啓文　うーん、特にない。プーチンはいったい何を言い出したか、分からなかったんだよ。何を言おうとしてるか、分からなかったんだ。

綾織　それは、ちょっとジャーナリストとして、どうなんでしょうか（笑）。

若宮啓文　え？　何を言い出そうとしたのか、ちょっと……。

里村　いや、あの時期は朝日新聞も大きく取り上げてましたよ。私の記憶《きおく》では、確か一面だったと思いますが、「重要な言葉を引き出した」っていうことで、紙面上は非常に……。

若宮啓文　いや、何をプーチンは……。だから、柔道絡《じゅうどうがら》みの言い方をするからさあ、分かりにくいんだよね。何がいったい狙《ねら》いなのかが、よく分からないもんでね。

若宮氏が指摘《してき》する「日本の軍国主義の罪」とは

大川裕太　最近、個人的に疑っていることについて伺います。

幸福の科学としては、「ロシアとの友好関係は、中国に対抗《たいこう》するのに非常に重要だ」と考えていますし、安倍《あべ》さんも日露関係を重視する動きをしていますよね。

ところが、なぜか、左翼《さよく》の人たちは意外に、北方領土問題に関してロシアに手厳しいのです。北海道の道庁に行くと、「今こそ北方領土返還を！」という感じで、ずっと掲《かか》げているんですけれども、北海道は、昔から社会党がすごく強かった地盤《じばん》にもかかわらず、まだそういうことをやっています。

また、政治学者の猪木正道《いのきまさみち》先生も、「日本の左翼は、中国にはすごく手ぬるいんだけれども、ソ連に対しては、昔からすごく手厳しい」というようなことを言っていたと思います。

もしかしたら、「日本とロシアとの友好関係を切ることが、中国に日本を侵略《しんりゃく》させる足場をつくる」という意味で、「そこまで考えて、左翼の人たちがロシアを攻撃《こうげき》している」ということも、意外にありえることなのではないかと思うのです。

若宮啓文　まあ、もともと共産主義の本家《ほんけ》は、ロシアっていうか、ソ連なんだけども

郵便はがき

料金受取人払郵便

赤坂局承認

8228

差出有効期間
平成29年11月
30日まで
(切手不要)

1 0 7 - 8 7 9 0

112

東京都港区赤坂2丁目10−14
幸福の科学出版(株)
愛読者アンケート係 行

ご購読ありがとうございました。お手数ですが、今回ご購読いただいた書籍名をご記入ください。

書籍名

フリガナ お名前	男・女	歳
ご住所 〒 都道府県		
お電話( ) −		
e-mail アドレス		
ご職業	①会社員 ②会社役員 ③経営者 ④公務員 ⑤教員・研究者 ⑥自営業 ⑦主婦 ⑧学生 ⑨パート・アルバイト ⑩他( )	
今後、弊社の新刊案内などをお送りしてもよろしいですか? (はい・いいえ)		

愛読者プレゼント☆アンケート

ご購読ありがとうございました。今後の参考とさせていただきますので、下記の質問にお答えください。抽選で幸福の科学出版の書籍・雑誌をプレゼント致します。(発表は発送をもってかえさせていただきます)

1 本書をどのようにお知りになりましたか?

①新聞広告を見て [新聞名:]
②ネット広告を見て [ウェブサイト名:]
③書店で見て　④ネット書店で見て　⑤幸福の科学出版のウェブサイト
⑥人に勧められて　⑦幸福の科学の小冊子　⑧月刊「ザ・リバティ」
⑨月刊「アー・ユー・ハッピー?」　⑩ラジオ番組「天使のモーニングコール」
⑪その他 ( )

2 本書をお読みになったご感想をお書きください。

3 今後読みたいテーマなどがありましたら、お書きください。

ご感想を匿名にて広告等に掲載させていただくことがございます。ご記入いただきました個人情報については、同意なく他の目的で使用することはございません。

ご協力ありがとうございました。

ね。だけど、ソ連と中国は仲悪くなったからね。

里村 そうですね。

若宮啓文 それで、「二つの共産主義」が成立してて、まあ、ソ連のほうは崩壊《ほうかい》したわけよ、本家がね。

だから、中国共産党しかないわけだけども、まあ、中国共産党も、市場経済を入れたりして、実は珍《めずら》しい、ある意味では、修正主義になってはいるわけだね。

里村 うん。

若宮啓文 まあ、客観的に見ると、中国は、日本よりも、もしかしたらアメリカみたいになってる可能性は高いんで。

金を儲《もう》ける人は、どんどん儲けられるようになってる。でも、日本人は中国人みたいには儲けられない。日本は、あれだけ大金持ちは出ないシステムになってるからね。社会主義的には、日本のほうが完備されてる可能性は高いので。

里村　うん。

若宮啓文　まあ、今後、どこでそういう社会主義、共産主義系統の考えを保存、維持《いじ》するかっていうことは、非常に大事なことではあるんだけどね。

里村　ただ、アメリカと違《ちが》って、中国には、「機会の平等」っていうのは存在してませんからね。

若宮啓文　アメリカだって「機会の平等」はないですよ。

里村　いや、もちろんそれは、額面《がくめん》どおりではないですけれども。

ただ、中国の場合は、何かしら共産党か人民解放軍とのコネクション、あるいはその縁《えん》がなければ、はっきり言って浮《う》かび上がってこれない社会ですからね。

若宮啓文　いや、それは君たちだって、宗教だったら、信者と信者でない人を差別するでしょう、ちゃーんと。

里村　では、今ほど質問のあった、ロシアについてはどうなんですか。日本とロシアの両国の親善は。

若宮啓文　ロシアねえ。だから、ロシア革命が起きたあと、ロシアが共産主義化していったのは、日露《にちろ》戦争で日本がロシアに勝ってしまったために、そういうことになったわけで。ほんとは勝つべきでなかったっていうか、負けるのが当たり前だったところを、〝奇跡《きせき》の勝ちゲーム〟をやっちゃったためにロシアのほうで革命が起きてしまった。

まあ、七、八十年にわたって、ソ連の人たちはいろいろ苦しんだらしいから。

里村　うん。

若宮啓文　あれはやっぱり、日本の軍国主義の罪による苦しみだわな。だから、日本が、あっさり、「日清戦争」、「日露戦争」で負けておれば……、まあ、平和な鎖国《さこく》中立・独立型の徳川《とくがわ》時代を、もう一回やっとればよかったわけよ。二つ勝っちゃったために、なんか世界の歴史が狂《くる》っちゃったのよ。

8 『古事記《こじき》』『日本書紀《にほんしょき》』などの建国神話について訊《き》く

若宮氏による「日本という国への評価」とは

綾織　あなたは、基本的に、「日本は、ずっと前から悪い国なんだ」というお考えなんですね。

若宮啓文　まあ、少なくとも、人口で見たら、世界の七十分の一しか、やっぱり主張権はないし、面積的に見れば、たぶん三百五十分の一ぐらいしかない国なんだから。やっぱり、分を知って、やらなきゃいけない。

大川裕太　それを言えば、イギリスとかドイツのように、日本よりもっと小さい国もありますので。

若宮啓文　いや、彼らは、自分たちで発明したものがいっぱいあるからねえ。自分たちでつくって、新しい文明を開いた。

里村　発明？　ほお。

若宮啓文　うん、アングロサクソンの人たちはね。

里村　いや、もちろんそうかもしれないんですけど、日本も古来より、日本の神々が、日本という国の建国に携《たずさ》わり、いろいろなものを発明しながら創造してきた国です。

若宮啓文　いやいや、みんなインチキなんだよ。

里村　インチキ？

若宮啓文　ほんとは、奈良《なら》の時代あたりから、やっと日本は始まったのさ。だから、対外的な権威《けんい》付けのために、過去の神様をいっぱいつくり出したのさ！

里村　ちょっと待ってください。『古事記《こじき》』や『日本書紀《にほんしょき》』というかたちで遺《のこ》っております。

若宮啓文　まあ、そのへんつくったあたりで、いろいろ、君らみたいな、ゴーストライターみたいに書く人が、いっぱいいたのよ。

里村　いや、いや、いや。

若宮啓文　神様の名前なんか、いくらでも書けるんだ。

綾織　あなたにとって、日本の神様は、まったく存在しないわけですね？

若宮啓文　だからさあ、そんなの、例えば、ヤマタノオロチみたいなのを信じてた時代なんだろう？　もう、山の上を、もんのすごい〝あれ〟が、八つに分かれたヘビが動くんだろう？　苔《こけ》が生えて、杉《すぎ》が生えたみたいな。

これは、あなたねえ、「何億年前」っていうんなら分かりますよ、恐竜《きょうりゅう》の時代なら。それを、今見てきたように書いてあるんだから。

大川裕太　そんなことを言い始めたら、中国の『史記《しき》』とかにも、竜が出てきたり、化《ば》け物《もの》や魔物《まもの》など、いろいろなものが出てきます。これも、科学的に見て信憑《しんぴょう》性がないと言えるのではないでしょうか。

若宮啓文　いやあ、中国の歴史書っていうのは、日本が、まだあれだよ、貝塚《かいづか》つくってたころに、「何年に、何が、どうして」って、正史《せいし》が、キチーッと遺ってますからねえ。だから、やっぱり文明国ですよぉ。

里村　いや、中国は、「正史で遺さないと、王朝の正統性が証明できない」という、そういう国なんですよ。

若宮啓文　だけど、日本はそれさえ書けなかったんだから。

里村　いえいえ、日本はその必要がないんですよ、その正統性の証明が。

「麻布《あざぶ》、東大法学部といったら、神様なんだ」

綾織　改めてお伺《うかが》いしたいんですけれども、あなたにとって日本という国は、どういう国なんですか？　日本とは、何なのでしょうか。

若宮啓文　まあ、日本っていう国は、もちろん、私たちが啓蒙《けいもう》してきた国であるからね。ほんと、戦後、この日本をつくったっていうねえ、そういう自負はありますよ。

綾織　日本をつくった？　ほお。

若宮啓文　「日本を啓蒙国家に変えた」っていう自負はありますよ。「朝日が輝《かがや》いてた時代」が、「日本が輝いた時代」なんですよ、いちばんね。そのとおり！　ぴったり！

里村　例えば、いちばん輝いたころは？

若宮啓文　やっぱり、日本人はねえ、すぐに天狗《てんぐ》になって、自分らがねえ、「おらが村《むら》がいちばんだ」みたいに、すぐになる田舎者《いなかもん》なんでね。

それを欧米《おうべい》的文脈から、パシ、パシ、パシ、パシ、パシッと、批判を入れてやると、反省して謙虚《けんきょ》に努力をして、真っ当になるわけですよ。

そういうことをリードするのが、「朝日エリート」の仕事なんですよ。

綾織　まあ、「原罪」という言葉がありましたけど、そういう罪を背負って、反省し続けて、小さくなっているべきということですか。

若宮啓文　そう、そう。教えてやれば、謙虚に努力をして、真っ当な勤勉さのなかで発展するわけよ。だから、「産経」みたいに知力の低い人たちの集団が書くと、みんな偉《えら》く見えて、「あの人も偉人《いじん》だ」、「この人も天使だ」、「神様だ」と、いっぱい、神様だらけになる。

綾織　まあ、普通《ふつう》の目で見ると、そうなるということです。

若宮啓文　いや、神様がいっぱい出てくるっていうのは、その見ている人の位置が低いわけよ。人間として、クオリティがすっごい低いから、神様に見える。

綾織　もちろん、そうですね。人間から神様を見ると、そうなんです。

若宮啓文　だけど、神様といわれるのと同じぐらいの格の人間が書いてたら、そんなもん、神様なんか、いやあしないんであって。まあ、同僚《どうりょう》ぐらいしかいないわけよ。

綾織　あなた自身が、神様なわけですね？

若宮啓文　うーん、まあ、だから、ねえ？（大川裕太に）君、「麻布《あざぶ》、東大法学部」っていったら、だいたい、みんな神様なんだよ、これな？

大川裕太　（笑）

若宮啓文　だから、神様の仲間なんだからさあ。

綾織　なるほど。

若宮啓文　「部活で一緒《いっしょ》かどうか」ぐらいの派閥《はばつ》の違《ちが》いしかないわけよ。な？

綾織　あなたは、今、お亡《な》くなりになっているんですけれども、神様の一人として、あの世に還《かえ》られるわけですか。

若宮啓文　まあ、亡くなってるわけではないけども、そら、神様でしょう。

綾織　まあ、地上においても神様なんですね。

若宮啓文　そらあ、もう、「麻布、東大法学部、朝日新聞主筆」。これ、神様そのものだから。天御中主《あめのみなかぬし》って、こういうのを言うんだよ。

里村　つまり、お名前のとおりに、「日本人の蒙《もう》を啓《ひら》いた」ということですね？

大川裕太　確かに。

若宮啓文　うん？　「門」を？

里村　いえ、「啓文《よしぶみ》」というお名前のとおりに、「蒙を啓いた神である」というご認識でいらっしゃるわけですか。

若宮啓文　うーん、まあ、神様なんじゃないのぉ？

大川裕太　もしかして、「若宮」というお名前からすると、天皇家にご関係があるのではないですか。そんなことは考えないですか。

若宮啓文　それはちょっと、そうかもしらん。まあ、家柄《いえがら》はいいからね。もう、家柄もよければ、頭もよく、それから気立てもよく、見栄《みば》えもよく、もう欠けるところがない存在だからさあ。

大川裕太　いや、見栄えは（笑）。

聖徳太子《しょうとくたいし》の実在を否定する若宮氏

里村　いや、ちょっとですねえ。

若宮啓文　うん？　うん？

里村　その「啓蒙」というところで言いますと、古代の日本においても、例えば、聖《しょう》徳太子《とくたいし》という方がいました。飛鳥《あすか》時代、まあ、七世紀の初頭ですけれども、憲法十七条をつくったり、さまざまな活動を通じて……。

若宮啓文　ああー、君、迷信家だ。

里村　え？

若宮啓文　もう、聖徳太子なんていうのは、「実在してない」っていうほうが今強いんだよ。憲法十七条なんて、そんなもん架空《かくう》の事実なんだ。古代に、そんなもんあるわけがないのに、そういうふうな「憲法みたいなのがあった」というようなことを、後世、捏造《ねつぞう》してねえ。「日本人は偉かった」っていう、そういうねえ、中国や韓国《かんこく》を支配するための理屈《りくつ》をつくっとるんだよ。

里村　おお。

若宮啓文　だから、「対等の外交をやった」とかね、まあ、「日《ひ》の出《い》づる国から……」

なんて、ああやって持ち上げて、まあ、とにかくいっぱいつくって。もう、つくってつくって、昔も〝嘘《うそ》つき〟がいっぱいいたのよ、君みたいなのが。

里村　いや、いや、いや（苦笑）。

若宮啓文　今のジャーナリストは正直だけど、昔のジャーナリストは嘘つきなのよ。基本的に、〝物語りする人〟が、ジャーナリストだったわけよ。

里村　ただ、歴史的にはですね、その七世紀に、今、若宮さんがおっしゃった中国には、どんな皇帝《こうてい》がいたかというと、中国では悪王の代表格の一人である、隋《ずい》の煬帝《ようだい》という方がいらっしゃったわけです。

若宮啓文　うーん。

里村　同じ時代に、日本では、そういう血塗《ちぬ》られたような、庶民《しょみん》が巻き込《こ》まれてたくさん死ぬような政治は行われず、三宝帰依《さんぼうきえ》の精神が、日本の国是《こくぜ》になっていたんですよ。

これって、すごいと思いませんか。

若宮啓文　それは君ねえ、まあ、どうせ嘘だとは思うけども。

里村　いや、いや、いや（苦笑）。

若宮啓文　だけど、仏教を入れるのだって、蘇我《そが》と物部《もののべ》が殺し合いをやって、それで、聖徳太子の一族がいたことにはなってるけど、でも、結局は、仏教を入れた罪により、皆殺《みなごろ》しに遭《あ》って、とかいうような、これは血塗られた歴史で、すっごいよな。もう、韓国や中国以上のひどさだよなあ。

里村　そう思われますでしょう？　ただ、しかし、日本においては、その後も物部氏は残っているんですよ。大伴氏《おおとも》も残っています。日本では一族を根絶《ねだ》やしにはしていないのです。確かに、政治闘争《とうそう》としてはありましたけどもね。

若宮啓文　ふうーん。

里村　それから見ると、中国では、歴史書までつくって、前の王朝を徹底《てってい》的に否定し、完全に葬《ほうむ》り去って、次の王朝の正当性を主張するという歴史が続いてきましたし、現在でも、そういうやり方が続いているのです。どちらのほうが文化的かなと、私は思うんですけれども。

大川裕太　いやあ、残虐《ざんぎゃく》さという面から見れば、お隣《となり》の国でも、例えば、煬帝などは、大運河をつくるために多くの人を酷使《こくし》したり、高句麗《こうくり》への遠征《えんせい》を強行するなど、侵略《しんりゃく》主義で、人殺しばかりしていました。
ですから、日本だけが残虐な国だったとは、決して言えないと思いますね。

9　若宮氏が語る「民主主義とマスコミの原点」とは

「韓国《かんこく》のような『恨《ハン》の思想』が民主主義のもとだ」

若宮啓文　やっぱり、韓国《かんこく》みたいな「恨《ハン》の思想」が必要だね。民衆は恨《うら》みを持たないといかんわな。この「恨みの心」が民主主義のもとだから。もともとはね。

里村　恨みの心がある？　民主主義には？

大川裕太　まあ、韓国にいらっしゃったので……（笑）。

若宮啓文　そういう、独裁者に対する恨みの心ね。これを千年忘れないことが、民主主義のもとだね。

大川裕太　今でこそ、韓国国民は自国の歴史を非常に誇《ほこ》っているようではありますけれども、その建国の歴史は、まあ、ひどいものだと思います。大韓民国が建国されたときの最初の大統領は李承晩《りしょうばん》という人ですが、朝鮮《ちょうせん》戦争のときには自分がわれ先にと釜山《プサン》まで逃《に》げていきました。また、この李承晩という人は、一九四八年ごろには、「四・三事件」といいまして、済州島《チェジュとう》で新政府に反対する人を六万人ほど殺していたり、その後も、「保導連盟事件《ほどうれんめいじけん》」といって、朝鮮戦争中に、共産主義者と疑われた人やその家族を、一説によると二十万人から百二十万人ほども虐殺《ぎゃくさつ》したのではないかと言われています。

　こういう建国の仕方をしている大韓民国という国なのですけれども、こんな国は、はたして文明国と言えるのかどうか。

若宮啓文　うーん……。君、ゼミの教授、誰《だれ》だよ。

大川裕太　藤原帰一《ふじわらきいち》先生です。

若宮啓文　藤原はちょっと変節してるんでないか。そういう指導をしているのは、あんまりよくないなあ。

大川裕太　いや（笑）、こちらは朝鮮史の専門の先生から教わった話なのですが。

若宮啓文　先生が亡《な》くなったからって、そういうふうに変節するっていうのは、これは、自民党に魂《たましい》を売ったんと違《ちが》うか。

里村　いやいや（笑）。変節じゃなくて、学問に忠実、歴史に忠実であればこうなるということですから、変節ではありません。

大川裕太　ええ、そうですね。

「恨《うら》み」を晴らすために、マスコミが発展してきた？

若宮啓文　うーん……。悪いところを取り出したら、何だって悪く見えるわけだからさ。いいところだってあるわけだから、そんなもんな、どこを取り出すかっていうところだ。

里村　どんないいところがありますか。

若宮啓文　ええ？

里村　どんないいところが。

若宮啓文　それは、「焼き肉がおいしい」とかさあ、やっぱり、いろいろあるだろうが！

里村　（笑）そうですか。

若宮啓文　「韓国は美人が多い」とかさあ、例えばな。うーん。

大川裕太　まあ、実際は、みなさん、整形をされて。

若宮啓文　うーん。まあ、儒教《じゅきょう》の国だからねえ。礼儀《れいぎ》正しいし、ねえ？　年上の者を敬《うやま》うところもあるしね。

里村　日本でも、年上の方を敬うことはありますけれども。

若宮啓文　それから、「悪は徹底《てってい》的に許さない」とかね、やっぱり、いいとこはあるよな？

里村　いや、「悪」というより、「敵」ですよね？

若宮啓文　『日本の原罪』を決して許さないっていう。

里村　では、そのお言葉で、先ほども、「恨《ハン》は民主主義のもと」ということでしたが、これはどういうことなんですか。

若宮啓文　そら、そうでしょう。民主主義ってそういうことでしょう。民衆の歴史は、やっぱり、権力者によって弾圧《だんあつ》された歴史ですから、巨大《きょだい》な権力者に対しては立ち向かわなきゃいけないわけでさ。その根源の原動力が「恨《ハン》」、恨《うら》みということであって、その恨みを晴らすために、マスコミという武器が発展してきたわけ。発達してきたわけですよ。私たちは、国民の「恨」の声を弓矢に変えて撃《う》ってるわけですよ。

里村　おお。

若宮啓文　だから、産経みたいなのは、こんなの、マスコミのうちに入らないからさあ。ご機嫌《きげん》取りばっかり。

10　若宮氏は「霊的世界《れいてきせかい》」を受け入れられるのか

すでに亡《な》くなっている事実を頑《かたく》なに受け入れない若宮氏の霊《れい》

綾織　まあ、それはちょっと置いておきまして。若宮さんご自身のことに非常に関心があるのですけれども、今、私たちの立場から、「お亡《な》くなりになっている」ということを何回も申し上げているんですが……。

若宮啓文　勝手に言うなよ。生きてるんだから。

里村　（笑）勝手に言っていません。朝日新聞も言っています。

綾織　ご自身の人生観として、やはり、そういう恨《うら》みの心、権力者に対して弓矢を射《い》るということを……。

若宮啓文　何を言うの。弱者の味方をするっていうことは正義だし、これはマスコミの原点じゃないか。産経には、「弱者の味方をする」っていう社是《しゃぜ》はあるのか、ちゃんと。ほんとに。

綾織　いや、そういう部分もあります。

若宮啓文　引っ張ってこいよ、経営者。ちょっと、それ、訊《き》いてみたいから。ええ？

綾織　あなたは、すでにお亡くなりになり、魂《たましい》になっているんですけれども。

若宮啓文　自民党に魂を売って、営業を続けようとしてるだけだろうが！　ええ？

綾織　まあ、私に言っても、別に、反論する義務も何もないので（苦笑）。

里村　若宮さんのお父様は、鳩山一郎《はとやまいちろう》首相の首席秘書官でしたから……。

若宮啓文　うん、それがどうしたの。それがどうした？

里村　ですから、「弱い立場」ですとか、「自民党に魂を売って」というような言葉は、あまり使わないほうがいいと思うんですよ。

若宮啓文　自民党といったって、今の自民党は意味が違《ちが》うから。これは〝ヒトラー政権〟だからさ。

大川裕太　若宮さんのお仲間でいらっしゃったナベツネ先生（渡邉恒雄《わたなべつねお》氏）も、歴史認識としては同じような見方をされていると思います。

若宮啓文　まあ、元共産党系の活動をしてたからな。

大川裕太　ただ、そういうナベツネ先生でも、国防に関しては人一倍強い思いを持っていらっしゃいます。こういう、同じような経験をされてきたなかでも、全然違う結論になることがあると思うんですけれども。

若宮啓文　うーん。まあ、でも、君らは若いから分からないんだろうけどさ。その、何て言うかなあ、一九六〇年代、七〇年代、八〇年代、日本を引っ張ってきた朝日（新聞）の、この昇《のぼ》るような力っていうのは、すごいもんだったからね。言論の力っていうのを、本当に体感できる時代だったからねえ。

綾織　今、あなたは魂でいらっしゃるんですけれども、ご自身の過去の記憶《きおく》として、そういう何かの権力に潰《つぶ》されたとか、それに対する恨みを覚えたとか、そういう記憶はありますか。

若宮啓文　ああ、君、病院に行ったほうがいいよ。病院に行きなさい。ちょっと、頭が多少いかれてるから。

綾織　まあ、無駄《むだ》だと思いつつも、いちおう訊いているのですけれども（苦笑）。

若宮啓文　頭がいかれてるから、病院に行きなさい。

里村　いやいや。これは、若宮さんのためにも、今、お伺《うかが》いしているんですよ。そうでないと、若宮さんのほうが〝病院送り〟になってしまうんですよ。

若宮啓文　何をバカなことを言ってるんだよ。私は不死身《ふじみ》だよ、ああ。

里村　いや、「あの世の病院」にです。あの世にも病院に当たるところがあるのです。

若宮氏の死亡記事は「隠密《おんみつ》作戦のための偽装《ぎそう》」？

若宮啓文　日本のマスコミが間違って、何か、私が北京《ペキン》のホテルで死んだと思って報道しているっていう、嘘《うそ》か本当か分からんことを言ってるから。

そしたら、ジャーナリストだったら、その記事を持ってくるべきで、持ってきてないっていうことは嘘だということだ。

里村　いや、ありますよ。

若宮啓文　うん？　ほんとに？

綾織　あります。

里村　今日の朝日新聞の三面には……（紙面を取り出して見せる）。

若宮啓文　え？　え？　何？

里村　「アジア共生 挑《いど》んだ『闘《たたか》い』 若宮啓文・本社元主筆死去」とありますね。

若宮啓文　ああ、それはねえ、私が、隠密裡《おんみつり》に何か動けるようにしてくれるんだと……。

里村　三面に出ている記事ですよ。

若宮啓文　私が隠密裡に、こう、いろいろと外交できるようにして……。

綾織　いやいや。亡くなったら、もう、外交も何もできませんよ。

里村　ナベツネさんも、「親友として敬愛していた」と。このように、日本人は、亡くなった方のことは悪く言いませんから。なぜかみんながほめるということは、逆に言えば、「死んだ」ということを示してもいるんですよ。

若宮啓文　ナベツネが「親友として敬愛していた」って、これは嘘っぽいなあ。

里村　いや、死んだ人に対しては、みな、そういう嘘を言うものです。つまり、「死んでいる」ということなんですよ。

若宮啓文　親友として敬愛してた？　そんなことないでしょ。打ち倒《たお》したかったんじゃないの？　ほんとに。

里村　いえいえ。本音はともかくとして、日本人は死んだ人に対しては鞭打《むちう》たないということで、このように言うんですよ。

若宮啓文　ふーん。ナベツネが死んだほうが正当だよね。

まもなく自分の肉体が火葬《かそう》されることを信じられない若宮氏

綾織　今後のことを一緒《いっしょ》に考えていきたいと思うのです。

若宮啓文　なんか君ら、怪《あや》しい洗脳師みたいな……。

綾織　ああ、いえいえ（笑）。心配しているんですけどね。はい。

大川裕太　「安倍《あべ》の葬儀《そうぎ》はうちで出す」ということをおっしゃっているじゃないですか。しかし、今後、ご自身の……。

若宮啓文　いや、責任を持たないといかんと思ってるんだ。早く火葬《かそう》しなくちゃ。

里村　火葬されるのはご自分のほうなんですね。

大川裕太　そうですね。

綾織　ご自身の葬儀がまもなく行われるはずなので、それをご覧になると思います。

若宮啓文　な、そういうねえ、アホなことを言うんじゃないよ。そんな、うーん。

里村　今、政治の話、あるいは、マスコミの見方についても聞きました。それから、人生観として、「人間というのは、魂、霊《れい》が本質だ」とか、「あの世がある」とか、このあたりについてはいかがですか。

若宮啓文　（大川裕太に）そんなの、（母校の）東大で教えてくれたこと、ないよなあ？　ないだろ？

大川裕太　まあ、文学部に行けば教えてくれます（笑）。

若宮啓文　文学部って、ちょっと……。アニミズムみたいなの？　あのねえ、未開の南方《なんぽう》の種族たちは、そういう魂信仰《しんこう》をしたり、死人が蘇《よみがえ》るのを嫌《いや》がったり、いろいろしてるよ。

里村　ただ、大学で教えるものがすべてではなく、この世のことには教えられないこともたくさんありますから。

若宮啓文　うーん。

里村　例えば、身近な方、祖父母でいらっしゃったり、あるいは、お父様、お母様でいらっしゃったり、あるいは、周りの方から、自然と、そういうふうな素直《すなお》なものの見方をですね……。

若宮啓文　やっぱり、それはな、死体があったら、腐敗《ふはい》して臭《にお》いが立つし、もう、ハエが飛んできて汚《きたな》くなって、腐乱死体になってくると、衛生上まずいから火葬にする。病気が流行《はや》らないように火葬して。ペストとか、いろいろ流行るからね。

里村　おお。

若宮啓文　まあ、土地代も高いからね。火葬して骨にして、小さくして骨壺《こつつぼ》のなかへ納《おさ》めようっていうのは、そらまあ、風習だから、みんなやってる。

霊言《れいげん》のなかで自《みずか》らを「神」と称《しょう》した真意を訊《き》く

綾織　先ほど、ご自身で、「自分は神なんだ」と……。

若宮啓文　いやあ、神なんて認めてないけど、まあ、あえて……、あえて言えば、そういうことだな。

大川裕太　〝首相の葬儀を出せる〟ということは、〝神〟ですよね。

綾織　まあ、あえて言えば、なのですけれども、そういうふうに、若宮さんのことを尊敬される人もいるので、〝神様〟になるかもしれない。あの世に還《かえ》ったら、〝神様〟になるのかもしれませんよ。

若宮啓文　だいたい、安倍なんか、総理になること自体が間違ってるんだよね。

もうそんな、三代目の、孫に生まれたぐらいで、天下を取るなよ、ほんとにさあ。

里村　まあ、それは分かります。ご自身の主張は分かります。ただ、今、私たちは、「人生観というものが、死んだ直後の人間に与《あた》える影響《えいきょう》がどれほど大きいか」ということを見させていただいているように思います。

若宮啓文　私は何も変わってないよ、一貫《いっかん》してね。うん、うん。

本当に「科学によってこの世界は解明されている」のか

里村　それでは、生前はいわゆる唯物論《ゆいぶつろん》、無神論という立場でいたのですか。

若宮啓文　唯物論って、何を言ってるの？　唯物論も無神論もないじゃないか。ただ、真実は、「科学によって、この世界は解明されている」という、それだけのことじゃないですか。

綾織　あなたがおっしゃる「科学」とは何ですか。

若宮啓文　え？　科学っていうのは、それは、「万人《ばんにん》が認めること」ですよ。霊なんて、万人が認めないんだから、万人が認めない以上……、まあ、一部の人が文学的には存在するけどね。

綾織　ただ、世界ではそれを認めるほうが多数派です。

若宮啓文　文学的には、そういう世界はありますよ、文学的には。それは認めますよ。人間の脳の作用として、いろんなそういう幻想《げんそう》のバリエーションがあって、面白《おもしろ》いからさ。

里村　ほう。

若宮啓文　そら、『ハリー・ポッター』とか、魔法《まほう》の世界みたいなのは、あったほうが面白いからさあ、それは認めるけどさ。そういうのは、文学的にはありえるけども、政治的にはありえないのよ。うん。

「朝日新聞が神のごとく罰《ばつ》を与《あた》える」という全体主義的発想

大川裕太　ただ、科学というのは、結論が一つになりますよね。でも、政治が科学と違うのは、やはり、政治は結論が一つにならないではないですか。朝日の社是は、別に、万人が認めるものでもないと思いますけれども。

若宮啓文　いやあ、朝日の社是を認めなかったら、地獄《じごく》に堕《お》ちるんだよ。うん。

大川裕太　それは、民主主義的ではないですよ。

里村　あ、では地獄は認められるのですか。

若宮啓文　いやいや、いちおうそれはね、「人間として罰《ばつ》を与《あた》えられる」ということだ。

綾織　罰を与えられるんですか（笑）。地獄はあるし、神様になる人もいるということですね。

若宮啓文　いや、だから、「不幸な人生を生きる」ということだな。

里村　「罰を与える」主体は誰《だれ》ですか。

若宮啓文　そらあ、朝日は、もう神であり、裁判官であり、国家の主権者でもあるわけだから。

大川裕太　（笑）いやいや。それでは、言論の自由も何もないですね。

里村　それは、もう、言論の自由というよりも、全体主義に聞こえるのですけどね。すべてを朝日の価値観でというのは……。

若宮啓文　全体じゃない、全体主義じゃありません。「一部エリートによる日本支配」ですから。

里村　いや、われわれは、朝日新聞でも若手の方のなかには、必ずしもそうではない方がいらっしゃることを知っています。必ずしも、若宮さんがおっしゃるような、朝日のすべてを全体主義と言うつもりはありませんけれども。

若宮啓文　いやあ、最近、質が落ちてきてるからな、若手はね。私のころは最高の知性が集まっとるから。

霊言《れいげん》の収録を「夢のなかの出来事」と片付けようとする若宮氏

里村　でも、若宮さん、今日の服装とか、自分の体とかをご覧になってみてください。あなたは今、姿形《すがたかたち》なき存在で、大川総裁の肉体を借りてお話しになっています。

若宮啓文　まあねえ、ときどき、人は夢を見ることがあるんだよ。「今、夢を見て、出張してるんかなあ」という感じはしてる……。

里村　かつて、朝日新聞元社長の箱島信一《はこしましんいち》氏の守護霊《しゅごれい》も同じことを言っていました（月刊「ザ・リバティ」〔幸福の科学出版刊〕二〇〇三年十月号掲載《けいさい》）。

若宮啓文　夢のなか、夢のなかじゃないの？

里村　「夢なんだ」と。

若宮啓文　夢なんじゃないの？　だって、君らに会う必要は何もないもん。だから、夢、これは悪夢なんだわ。人は、こういう悪夢を天国だとか地獄だとか、いろいろ表現してるんだよ。確かに、起きたらびっしりと汗《あせ》をかいて。ああ、君なんかびっしり汗をかいて、もう本当、地獄のなかを生きてるような感じがする。

里村　いやいや。私は、若宮さんの魂を、何とかしてさしあげたくて、今、汗をかきながらしゃべっているんです。

箱島信一・朝日新聞社長（当時）の守護霊インタビューが掲載された月刊「ザ・リバティ」2003年10月号。

若宮啓文　しょうもない。だから、魂なんかなくて、脳の機能しかないのよ。作用なんだよ、基本的には。

「道徳は人間世界の単なるルール」という認識

里村　そうすると、例えば、道徳や、あるいは、「誰も見ていなくても、それでも悪いことをしてはいけない。実は、神様、お天道《てんとう》様、ご先祖様が見ている」といった考え方がありますけれども……。

若宮啓文　迷信《めいしん》も、長いこと効き目はあったけどさあ。今は、「朝日」がその善悪を決めてるんだから。

里村　しかし、そういう、宗教あるいは信仰的な基盤《きばん》がなければ、道徳というのは何なのですか。

若宮啓文　いや、そらあ、単なるルールでしょ、人間の世界の。

里村　ルールですか。

若宮啓文　うーん、ルールですよ。

里村　「青信号は渡《わた》っていい」とか……。

若宮啓文　だって、右側通行にするか左側通行にするか、国によって違うんだから、別に、正義なんてありはしないんですよ。だから、人間が生きていくために、混乱しないようにつくったルールなんで、どんなルールをつくるかは、その国の文化と、まあ、教養次第《しだい》ですよな、それは。

大川裕太　なるほど。それは、ある意味でエポケー（判断中止）する立場だと思うのですが。

若宮啓文　エポケーだよ。そらあ、エポケーだよ。

「日本の原罪」を叩《たた》かないと、朝日新聞は書くことがなくなる？

大川裕太　そうなると、「日本の原罪」というものも、これも、主観的なものではないでしょうか。

若宮啓文　いや、よその国がエポケーしてくれる分にはいいけど、日本人がエポケーしちゃいけないよ。

里村　何も悪いことではない？

若宮啓文　え？

里村　「日本の原罪」も、別に。

若宮啓文　うーん、いや、それは違うんじゃないかな。うんうん。

大川裕太　とりわけ、今は、かつての戦争とは関係のない世代の人たちが生きていますからね。

若宮啓文　だけど、「日本の原罪」を叩かないと、「朝日」は書くことがなくなるんだからさあ。

里村　いや、今、われわれが言っているのは、つまり、「日本の原罪」を叩かなければいけないという「悪」なるものには、やはり、根拠《こんきょ》が必要なのだということですよ。

われわれは、その根拠を正義に求め、さらに、神に求めているのです。

若宮啓文　うーん。いや、根拠なんか要《い》らないの。新聞に根拠なんかないのよ。毎日毎日のことなんだから。毎日、締《し》め切りまでの間に、正義か悪かを判定されるのであって、根拠なんかない。

「多数が『そうだ』と思えば、それでいい」という若宮氏の矛盾《むじゅん》

里村　では、善や悪というものは、根拠があるものではなく、好き嫌《きら》いなど、感情の問題だということですか。

若宮啓文　いや、「多数が『そうだ』と思えば、それでいい」のだよ。うん。

里村　例えば、ナチス・ヒトラーによってユダヤ人虐殺《ぎゃくさつ》が行われたわけですが、あのときは、ドイツの多数が「それでいい」と思った？

若宮啓文　だけど、まあ、世界の多数がそう思ってるなら、そら、正義になるだろうけど、世界の多数はそう思わなかったでしょ？

里村　しかし、少なくともドイツではそう思って、あのヒトラーのユダヤ人虐殺が行われました。

若宮啓文　だからさあ、だから、敗北が来たんじゃないか。

里村　ただ、若宮さんの言葉で言うと、「それは、必ずしも悪ではない」ということになりますよ。

若宮啓文　いや、そんなことはない。ドイツ人は、一時的に洗脳されてたかもしれないけど、世界は認めてなかったわけだから、とっくにヒトラーを潰《つぶ》すことをやった。

綾織　その論理で行くと、世界の多数は宗教を認めているし、神を認めているのだから、あなたのほうが間違っているということになりますよ。

若宮啓文　いやあ、そらあ、内心はどうか分かんないからね。みんなね。

綾織　いえいえ、そんなことはありません。

若宮啓文　宗教は教会のなかだけにあったり、宗教は家庭のなかで子供を教育するためだけに、道徳の代わりとして使われたりしてるわけで、実際に信じてるかどうかは、科学者だとか弁護士、裁判官、あるいはビジネスマンだとか、そんな仕事をしてるときは信じてないよ。

11　若宮氏が訴《うった》える「正義」とは何か

死後、若宮氏の魂《たましい》が北京《ペキン》から幸福の科学教祖殿《きょうそでん》まで来た背景

綾織　いちばん最初に戻《もど》りますけれども、なぜ、今日はここ（大悟館《たいごかん》）に来られましたか。

若宮啓文　「なぜ来たか」って……、なんで……。

綾織　自分の意識で来られている？

若宮啓文　いや、それはちょっと分からん。いやあ、分からないですよ。分からないけど、なんか、まあ、夢、夢のようなものなんじゃないかと思う。

綾織　誰《だれ》かに連れてこられたりしていますか。

若宮啓文　ええ？

綾織　誰かに会って、引っ張ってこられたりしていますか。

若宮啓文　なんか、声は聞こえたんだ。呼ぶような声がなあ、なんか聞こえた。だから……。

里村　どんな声？　何と言っていたのですか。

若宮啓文　大川さんの声なんじゃないのかなあ。若宮……、「若宮、若宮、若宮」と呼んでるような声がしたんだ。なんか、なんか……。

綾織　では、若宮さんが亡《な》くなったことを、大川総裁が認識されたということですかね。

若宮啓文　いや、「若宮には来てほしくないなあ」と言ってるような声が聞こえたから……。

綾織　ああ（笑）。

若宮啓文　「『来てほしくない』って、どういうことなのかなあ」と思って、来てしまったから。

里村　はあ。北京《ペキン》から？

若宮啓文　いや、いやあ、北京からとか、分からんけど。「来てほしくないなあ」みたいなことを言ってるから、「来てほしくない」って言うと、ジャーナリストとしては、やっぱり、それはどういうことか、聞き質《ただ》したくなるじゃないですか。なんで来てほしくないのか、なんぞやましいことでもあるのかどうか、見たいじゃないですか。

里村　そして、何千キロもポーンと飛んでこられたわけですか。

若宮啓文　いや、そんなことを言っても、よく分からないですよ。

綾織　実際、本当に、今、北京から東京に来られたんです。霊《れい》となって。

若宮啓文　ま、ちょっと異常性がある世界であることは認めるけども、ただ、やっぱりねえ、脳の幻覚《げんかく》作用……。中国で、中華《ちゅうか》料理のなかに何か幻覚剤《ざい》みたいなのが入ってたのかなあ。

里村　やはり、何か盛られたのではないですかねえ。

若宮啓文　やられたかなあ。

里村　向こうの中国のほうから。

若宮啓文　なんか、ちょっと麻薬《まやく》みたいなもんをやられたかなあ。

朝日新聞元社長・箱島信一《はこしましんいち》氏や憲法学者・宮沢俊義《みやざわとしよし》氏との類似《るいじ》性

綾織　以前、私どもは、こうしたかたちで、朝日新聞の箱島信一《はこしましんいち》元社長の守護霊霊言《しゅごれいれいげん》を収録しているんですが、そのときと同じようなことをおっしゃっているので、今後、予想される展開としては、そちらの世界でいずれ会われる可能性もありますし、あとは、「朝日新聞の守護神」というふうに名乗っていた宮沢俊義《みやざわとしよし》さん……。

●宮沢俊義（1899〜1976）　憲法学者。東京大学名誉教授。終戦後、貴族院議員として、日本国憲法の審議に参加。その後、憲法問題研究会を組織し、護憲運動を進めた。特に、大日本帝国憲法から日本国憲法への移行を法的に解釈した「八月革命説」が有名で、戦後の司法関係者のほとんどすべては、「宮沢憲法学」の影響を受けている。

若宮啓文　ああ、それは、偉《えら》い、偉い、偉い方ですから。

綾織　この方は東大教授でしたけれども、そういう方にも会われるかもしれません。

若宮啓文　まあ、宮沢先生が「守護神」っていうのは、そら、分かるねえ。

綾織　ああ、そうですか。

若宮啓文　憲法、憲法……、日本の憲法が揺《ゆ》らいでるからね。これを護《まも》らないといかんから、憲法学者が東になってやらないといかん。神なんて本当はいないけど、それこそ、宮沢先生を「主祭神《しゅさいじん》」として立てて、憲法学界は安倍《あべ》さんへの防波堤《ぼうはてい》になるっていうのが使命だ。

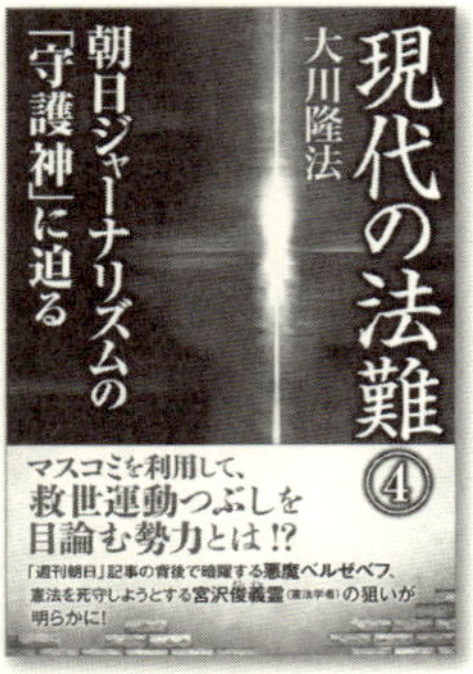

宮沢俊義氏の霊言を収録した『現代の法難④』（幸福の科学出版刊）。

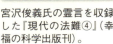

綾織　そうであれば、おそらく、今後、そちらの世界でお話しになることもあると思います。

若宮啓文　え？　え？　え？

東大の政治学者・坂本義和《さかもとよしかず》氏の死後の霊言《れいげん》が収録されない理由

大川裕太　それと、恩師・坂本義和《さかもとよしかず》先生も二〇一四年に亡くなっていますが、おそらく、同じような世界に行かれるのではないかと……。

若宮啓文　いやあ、さっきここへ来る前に、大川さんが、奥《おく》さんかなんか知らんけど、話をされてて、「坂本さんは、〝武士の情《なさ》け〟で、もう呼ばないことにしているんだ」みたいなことを言ってたんだけれども、何のことを言ってるのか、ちょっとよく分からなかったんだよな。

里村　生前、坂本さんの守護霊様には、ちょっとお聞きしましたけれども……（前掲《ぜんけい》『従軍慰安婦《じゅうぐんいあんふ》問題と南京大虐殺《ナンキンだいぎゃくさつ》は本当か？——左翼《さよく》の源流vs.E.ケイシー・リーディング——』参照）。

大川裕太　ただ、そのときに言われていた内容からすると、「若宮さんよりもさらに左のほうに舵《かじ》を切っているような感じの、思想の方」だと思います。

若宮啓文　君は子供だから知らないだろうけど、一世風靡《いっせいふうび》してたんだよ。もう、それはね。

「天声人語子《てんせいじんごし》」として名を馳《は》せた深代惇郎《ふかしろじゅんろう》氏と、若宮氏との違《ちが》い

里村　先ほど、「朝日新聞がいちばん輝《かがや》いたころ」とおっしゃっていた時代に活躍《かつやく》さ

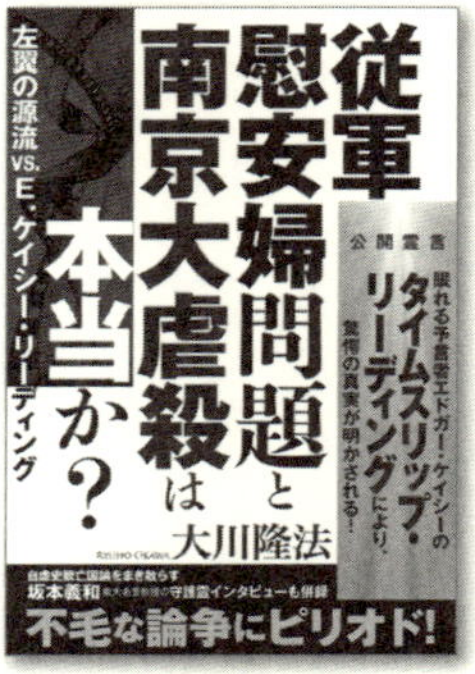

坂本義和氏の守護霊霊言を収録した『従軍慰安婦問題と南京大虐殺は本当か？』（幸福の科学出版刊）。

れた「天声人語子《てんせいじんごし》」の深代惇郎《ふかしろじゅんろう》さんという先輩《せんぱい》がいらっしゃるわけですけれども、この方は立派な世界に還《かえ》られています（『現代ジャーナリズム論批判――伝説の名コラムニスト深代惇郎は天の声をどう人に語るか――』〔幸福の科学出版刊〕参照）。

若宮啓文　ふうーん。じゃあ、朝日はやっぱり立派なんじゃないか。

里村　いや、言っている内容が全然違《ちが》いました。

若宮啓文　ふうーん。そうか？

里村　はい。日本のため、世界のためのことを考えていらっしゃいました。

若宮啓文　あいつは、じゃあ、覆面《ふくめん》を被《かぶ》ってたんだな。

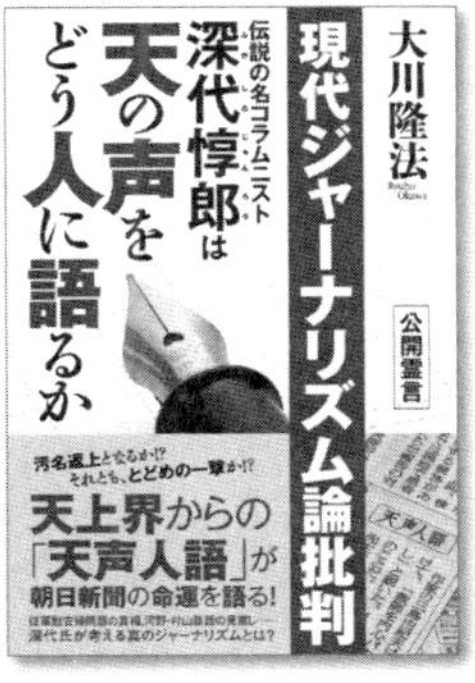

「天声人語子」だった深代惇郎氏の霊言を収録した『現代ジャーナリズム論批判』（幸福の科学出版刊）。

本心を隠《かく》して。

里村　人間は、死ぬと、なかなか覆面を被れなくなるんですよ。

若宮啓文　朝日の教育では、そういうふうに、絶対、ならないはずだがなあ。おかしいな。

次期アメリカ大統領候補・トランプ氏をどう思うか

里村　今日は、日本の核《かく》装備のことや、アメリカの次期大統領選、特にトランプ氏のことなどについてもお伺《うかが》いしたかったのですけれども、現状認識としては厳しいかなと……。

若宮啓文　いや、分かる分かる分かる分かる。トランプ？　トランプは駄目《だめ》だよ。悪い人間だよ。

里村　駄目ですか。

若宮啓文　悪人ですよ。うん、あれは悪人だ。早く暗殺したほうがいいね。

里村　ほうほう。

渋谷《しぶや》の街頭アンケートで六割の人が「日本の核《かく》武装に賛成」

里村　それから、今、日本では、以前では考えられないほど、核《かく》装備論というものが大きくなっています。

若宮啓文　核装備論？　まあ、そらあ、直接攻撃《こうげき》を受ける可能性があるのは韓国だから、まずは韓国が核装備したら、日本もちょっとは議論をしなきゃいけなくなるかも

トランプ人気の秘密に迫る。『守護霊インタビュー　ドナルド・トランプ　アメリカ復活への戦略』（幸福の科学出版刊）

しらんけど、韓国がしてないのに、日本がする必要はないわな。

里村　なるほど。

若宮啓文　北朝鮮《きたちょうせん》の攻撃は韓国が先だろうからさ。韓国が（核装備を）するんだったら、まあ、考えるけど、でも、アメリカがさせないだろう。アメリカは、韓国と日本には核装備をさせないから、たぶん。うーん。

里村　まあ、ちょっとですね、「もう、考え方・見方が少し古くなられているのかな」という感じを受けます。

若宮啓文　うーん。そうかなあ。

日本の「核装備」の必要性を提言した『世界を導く日本の正義』（幸福の科学出版刊）。

里村　はい。私は、昨日《きのう》、渋谷《しぶや》で行われた幸福実現党のアンケート調査に同行取材をしていたんですが、ある女子中学生は、「核武装している国に囲まれたら、日本もやはり核装備を考えないといけないのではないか」と答えていました。

若宮啓文　へぇえ。

大川裕太　幸福実現党の矢内筆勝《やないひっしょう》氏（党総務会長兼《けん》出版局長）によると、渋谷などの都内で若者や社会人にアンケートをした結果、六割の人が日本の核武装に賛成だったようです。

若宮啓文　へぇええ！

里村　昨日、ハチ公の前でアンケートを取った結果は、賛成が六割です。

若宮啓文　君たち、信者を集めてアンケートを取ったんと違うか?

大川裕太　いえいえ、そんなことはありません。

里村　目の前でカメラを回していて、たまたまその場にいた人たちに対して行われていました。

若宮啓文　へええ、信じられんなあ。それは……。それだと、あんなに、東日本（大《だい》震災《しんさい》）のときに、福島の、核、原発で、ねえ、あれでしょ?　「核は日本から徹底《てってい》的になくしたい」っていう基本論調のなかで、なんでそんなことを言うの?

大川裕太　「原発」と「核兵器」は違いますので。

若宮啓文　まあ、でも、プルトニウムをなくせば一緒《いっしょ》でしょ。うん。

「私が死んだと〝誤報〟した朝日は、謝罪だ」

里村　今、状況《じょうきょう》は大きく変わってきていますので、どうか、若宮さんも考え方を変え、また、人生観も変えて、これから旅立っていただきたいと思います。

若宮啓文　いや、言ってることがよく分かんないんだがな。君が何を言ってんのか分かんないけどさあ、「死んだ」って、でも……。

里村　（苦笑）（朝日新聞の記事を手に取り）いちおう、この朝日新聞にありますように……。

若宮啓文　いや、やっぱり、私も言論人だったからさ、活字を完全に無視するわけにはいかないけど、私は生きてるのに、「死んだ」と書くっていう、そういう〝誤報〟をやったら、朝日は、またあとで謝罪しなきゃ……。

里村　これは誤報ではありませんよ。

若宮啓文　謝罪だよ、これ。

里村　完全に裏は取れています。

若宮啓文　謝罪、謝罪しなきゃだよ。裏、裏って、裏っていうのは、私の死体を棺桶《かんおけ》に入れたら、これが、「裏が取れた」っていう……。

綾織　もうすぐ棺桶に入っている状態に……。

若宮啓文　いや、うれしそうに言うなよ。

綾織　（苦笑）いえいえ。

若宮啓文　何言ってんだよ。

綾織　本当に、心からお悔《く》やみいたします。

里村　若宮さん、二〇一六年四月二十八日をもって、若宮さんの人生は終わっています。

若宮啓文　いや、そんなことありえないよ。君、バカなことを言うな。

里村　どうか、これから……。

若宮啓文　死んだらねえ、人間はもう何もしゃべらないの。「しゃべってる」っていうことは、「生きてる」ってことなんですよ。

里村　いや、魂になったら、むしろ、本当に思っていることを生きていたときよりもよく話すんですよ。

若宮啓文　ええ？　そんな……。

里村　三年半前の守護霊様のときよりも、今日は、はっきりとおっしゃっています。

若宮啓文　そんな迷信《めいしん》はねえ、いまどき流行《はや》らないんだよ。そんなことを新聞で書いてごらんなさい。ほんと、明日《あした》から取る人がいなくなる。購読者《こうどくしゃ》ゼロですよ。

里村　分かりました。それでは、これが迷信かどうか……。

若宮啓文　産経の読者なら三割ぐらい残るかもしらんけども、朝日なんか読者ゼロになりますよ。

里村　分かりました。それでは、これが迷信であるかどうか、はたして夢のように覚めるときが来るのかどうか、ぜひ、これからご自身で体験してみてください。

若宮啓文　いや、私はもう、生きたときから神様みたいなものだと思ってたから、天国・地獄《じごく》なんて、そんな迷信は要《い》らないし、神なんか必要ないと思ってましたよ。私らが神なんだから、現実は。

里村　はあ、そうですか。

「朝日新聞が日本の神でありたいし、そうあるべき」

大川裕太　以前、孔子《こうし》様の霊言が録《と》られたときには、「中国というのは、一人の大悪《だいあく》魔《ま》が支配している国である。日本というのは、数多くの小悪魔がマスコミ等を使って支配している国である」というようなことをおっしゃっていました（『孔子、「怪力乱神」を語る』〔幸福の科学出版刊〕参照）。

若宮啓文　ひどいことを言うねえ。

大川裕太　孔子様の視点からすれば、特に、朝日新聞などは、「顔が見えない小さな小さな悪魔たちが大勢いて、日本の国を牛耳《ぎゅうじ》っている」というように見ることができるのではないかと思うのですけれども……。

若宮啓文　バカにしたな。「朝日」はね、〝日本の良心〟なんですよ。

里村　〝日本の良心〟ですか。

孔子が語る霊的世界観と中国の未来とは。
『孔子、「怪力乱神」を語る』
（幸福の科学出版刊）

若宮啓文　だから、その孔子を名乗ってるのが悪魔なんだよ。

大川裕太　（苦笑）いや……。

若宮啓文　うん。

里村　現在の朝日の方たち全員が、そう思っているとは思いませんけれども、やはり、朝日新聞は、戦後の日本の神様ですか。

若宮啓文　まあ、そうでありたいし、そうあるべきでしょうねえ。

里村　「そうあるべきである」と。

若宮啓文　うんうんうん。

若宮氏が考える「遺《のこ》すべき思想」とは「反戦・平和」「反核《はんかく》」

大川裕太　もし、朝日新聞が、戦後の日本の悪魔だったらどうしますか。

若宮啓文　「朝日」が「悪魔」だったら、「朝日の敵」が「神」になるねえ。

大川裕太　自民党とは言わないですが、あるいは、産経新聞でしょうか。

若宮啓文　自民党……、まあ、敵とも言えないけど、それは、商売の相手方ではあるからしてさあ、なくしては書く記事がなくなるから。

里村　確かに。

若宮啓文　だから、安倍を……、自民党を完全に滅《ほろ》ぼしたいわけではない。私たちはですねえ、自民党でもいいし、ほかの政党でもいいんだけども、やっぱり、「反戦・平和」っていうのが、戦後の日本の基調であるので、これは永代《えいたい》に遺《のこ》さねばならん思想だと思っておるんだな。

里村　「反戦・平和」は結構です。

若宮啓文　「反戦・平和」、それに「反核《はんかく》」。こういう思想をやってくれれば、それは、「神様の教え」というふうに信じてもいいと思ってるよ。

里村　「反核」はともかく、「反戦・平和」は結構です。ただ、その「反戦・平和」をどのように実現するかというところについては、二十一世紀に入ってから、「戦後の常識」も大きく変わってまいりました。

若宮啓文　いや、それはやっぱり、韓国や中国と仲良くすることですよ。

里村　ほお。

若宮啓文　そうしたら、戦争なんかしなくていいんだから。

里村　おお……。

若宮啓文　私みたいな人間がもうちょっとだけいて、橋渡《はしわた》しができれば。私なんか、新渡戸稲造《にとべいなぞう》みたいなもんだから、そういうかたちで太平洋の橋になれたら、戦争なんか起きないんだよ。

里村　はあ……！

若宮啓文　だから、私みたいな人間はめったに出せないから、しかたがないんだ。（大川裕太に）君も心を入れ替《か》えて、勉強し直して、ちゃんと私みたいな立派な人間になりなさい。

今の日本は「ヒトラー政権そのもの」？

里村　私からは最後の質問になりますけれども、どんなに人権抑圧《よくあつ》国家が生まれても、その国と仲良くしていくべきですか。

若宮啓文　「人権抑圧国家」って言うけど、日本だって新聞を弾圧《だんあつ》してるんだから、そんなの、言える立場にないし。

里村　「弾圧」とまで言えるかどうかは分かりませんが。具体的には中国、北朝鮮……。

若宮啓文　私なんか、〝亡命〟してるわけじゃないけど、「〝亡命〟した」とまで言われたんだから。

里村　〝亡命〟……（苦笑）。

若宮啓文　私みたいな〝日本の良心〟のような人がねえ、もし、万一《まんいつ》、韓国とか中国に亡命しなきゃいけなくなるっていうんだったら、それは、ヒトラー政権そのものじゃないですか。ヒトラーのときに、ドラッカーとかアインシュタインとか、その他の人はみんな逃《に》げていったんだから、アメリカのほうにねえ。

それとおんなじ状態なんですから、日本はもう危機ですよ、今。〝危機に立つ正義〟なんですよ。

里村　それに関しては、一部で、われわれも共有、共感するところはございます。

若宮啓文　はいはい。

里村　ただ、おそらく、ご自身の考え方を、もう一度振《ふ》り返るチャンスが来ますので、どうか、迷信と思わずに……。

若宮啓文　まあ、迷信だと思うけど、迷信のなかで、もうちょっとこうね、何て言うかなあ？　シャッフルして、小石やら何やらを取り除《の》けて、もうちょっと〝良質の迷信〟に進化したほうがいいよ。「迷信」にも、「道徳」になりうるものはあるからね。そういうものは遺《のこ》してもいいとは思うけども。

里村　われわれは、「迷信」ではなく、「霊的人生観」と呼んでいます。

若宮啓文　うーん。（里村に）君ねえ、しゃべれる人を「死んだ」と言うんじゃないよ。そういう人を「狂《くる》ってる」って言うんだから。

時代の変化を受け入れようとしない若宮氏

大川裕太　やはり、若宮さんも、考え方が全体的に古くなってきていますので、そういう意味で、一つ、「私の時代はもう終わったんだ」と謙虚《けんきょ》に思っていただきたいのと……。

若宮啓文　いやあ、麻布《あざぶ》も、ちょっと今、没落《ぼつらく》中だからねえ。君、ちょっと危ないんじゃないか？　先生がたは、もう駄目じゃないか？

大川裕太　いえいえ（苦笑）。

若宮啓文　古くなって。

里村　他人《ひと》の没落を心配している場合ではないと思います。

若宮啓文　ええ？

大川裕太　国際政治学に関してだけ言えば、若宮先生の時代よりも、さらにもう少し、主観を排除《はいじょ》する要素がさらに強くなってきています。

例えば、リアリズムの理論では、「日本の天皇制はファシズム国家であり、第二次世界大戦は、ファシズム 対 民主主義の戦いだったのだ」という捉《とら》え方をすること自体が、実はもう古くなってきていて、最近では、「戦争とは、パワーとパワーの衝突《しょうとつ》なんだ」「『悪い国』『いい国』というものは考えないのだ」というような方向性になってています。

若宮啓文　まあ、「エポケー（判断中止）」と「バランス・オブ・パワー」には、似たようなところがあるからね。

大川裕太　そうですね。藤原《ふじわら》帰一《きいち》先生が、「いい戦争なんて、絶対にない」というキャッチコピーで本を書かれましたけれども、実は、これは、今の国際政治学では、その逆の、「『悪い戦争』というものものないのだ」というようにさえ言えてしまうのです。

若宮啓文　ああ、もう、それは、「仕事を辞《や》めろ」ということだね。

大川裕太　（苦笑）このように、若宮さんの時代の思想は、やはり、全体的に古くなってはきておりますので。

若宮啓文　まあ、藤原さんは、映画評論で食っていったらいいよ。

里村　（笑）

若宮啓文　もう終わったんだ、あれは。映画評論で食っていったらいいんじゃないか。

大川裕太　分かりました。

「君らは〝生きた人〟が話したことを霊言《れいげん》と言ってるんだ」

里村　今、おっしゃったようなことは、私たちもメッセージとして受け止めて、今日のインタビュー……。

若宮啓文　だから、君らが間違ってることは、もう、はっきりしたじゃない。

里村　（苦笑）

若宮啓文　君らは、生きてる人に対して「死人だ」と言う人たちだから、君たちが言う「霊言《れいげん》」っていうのは、「フィクションだ」ということが、よく分かった。

大川裕太　いや、でも……（苦笑）。

若宮啓文　要するに、〝生きた人〟が話したことを、そのまま筆録《ひつろく》して、それを本にして出してることを、君らは、「霊言」と言ったり、「霊が語った」と称《しょう》したり、「神が語った」と称したりしてる。

私が来たら、神が語ったことになるんだろう。〝若宮の神〟が。

綾織　でも、語っているわけですよね？

若宮啓文　〝若宮の神〟が語った。

綾織　ご自身が来られて、語っているわけですよね（笑）。

大川裕太　あなたは今、なぜ、ここに？

若宮啓文　いや、私は、そりゃ、今はねえ、これはちょっと、まあ、夢の世界なのか、催眠術《さいみんじゅつ》なのか、何か覚醒剤《かくせいざい》みたいなのを使われてるのか、ちょっと分からないけども、やや分離《ぶんり》してるのは分かる。

里村　分かりました。これが、夢か、それとも催眠術なのか、幻想なのか、フィクションなのか。どうか、これからご自分で検証してみてください。

「朝日新聞に〝誤報〟を撤回《てっかい》するよう言っておいてくれ」

若宮啓文　（里村に）朝日新聞に、「その〝誤報〟は早く撤回《てっかい》しといたほうがいい」って、おまえ、言っといてくれるか？

里村　分かりました。

若宮啓文　〝誤報〟だから、それは。

里村　（朝日新聞の記事を掲《かか》げて）「これは〝誤報〟である」と、若宮さんの霊は、今日、語ったということですね。

若宮啓文　うん。そうそう、〝誤報〟だ。大誤報、歴史的誤報だ。

里村　はい。分かりました。

若宮啓文　そんなことはありえない。

里村　はい。本日は、まことにありがとうございました。

若宮啓文　はい、はい。はい。

大川裕太　ありがとうございました。

12 若宮氏の霊言《れいげん》で明らかになった日本の教育の問題点

勉強をすると神仏を信じなくなる傾向《けいこう》にある現代

大川隆法 （手を三回叩《たた》く）はい。穏《おだ》やかな顔をしているわりには、なかなか頑強《がんきょう》ですね。

里村 はい（笑）。

大川隆法 頑強ですね。でも、立花隆《たちばなたかし》さんのような人でも、臨死《りんし》体験等について、あれほどたくさん調べても、結局、「脳の作用だ」と言って信じていないのですから、「勉強してバカになる」と言ってはいけないけれども、勉強することで信じなくなる人は、けっこう多いのでしょう。

「エビデンス（証拠《しょうこ》）以外は信じない」というような感じになってくるわけです。

里村　はい。それで若宮氏は、「自分がもう一度、日本の言論界に復活する」とのことでした。

大川隆法　素直《すなお》な心になれないのです。そういうものは幼稚《ようち》だと思うのでしょう。死後の世界だの、神様、仏様、魂《たましい》といったものはみな、幼稚な昔話か、昔の南の国の未開の人たちの信仰《しんこう》のように考えるわけですね。

里村　はい。

大川隆法　科学が行きすぎたことに関しても、「賢《かしこ》くなっている部分」と「賢くなっていない部分」との両方があるので、本当に駄目《だめ》なのですね。

「知識が増えること」が「心の部分をなくすこと」につながっている

大川隆法　二日たっても、まだ（死んでいることが）分からないのですか。

里村　ええ、まったく。

大川隆法　北京《ペキン》のホテルから、ここに来られるわけがないことが分からないのですね。

里村　はい。

大川隆法　夢を見ていると思うのなら、それはしかたがないですね。

大川裕太　そうですね。

大川隆法　残念です。このタイプは、そう簡単には成仏《じょうぶつ》しないタイプです。これで、亡《な》くなった人たちと会った場合には、どう見るのでしょうか。分かりませんけれども、どう考えるのでしょうね。夢のなかで会っていると思うのでしょうか。

里村　そうですね、おそらく。

大川隆法　そういうことでしょうね。

里村　はい。ちょっと時間がかかる感じでした。

大川隆法　やはり、いわゆる知識人で、そういうことを信じていない人ほど、救済に苦労します。

知識は増えてもよいのですが、そうすると、心の部分がなくなってきて、情的な部分が薄《うす》れていくのです。これは残念なことです。

これが、日本の教育のいちばん危《あや》ういところでしょう。

大川裕太　はい。

大川隆法　幸福の科学が改革しなければいけないと思っているところも、ここのところです。

むしろ、こちらのほうが普通《ふつう》に思われているために、幸福の科学大学の申請《しんせい》のときに、「霊言《れいげん》なんかに基《もと》づいているから科学性がなくて駄目だ」と言われるようなことが、堂々とまかり通っているわけです。政府見解風にまかり通っているし、マスコミも何も言わずに黙《だま》っているという状況《じょうきょう》です。

要するに、世論《せろん》的には、まだ、なかなか正義が立たない状況ですね。まあ、頑張るしかありません。

『元朝日新聞主筆　若宮啓文の霊言《れいげん》』の広告は朝日新聞に載《の》るか

大川隆法　若宮元主筆が、「朝日新聞の自分の死亡記事は誤報だ」と言っていたことに対して、朝日は何と言うでしょうか。

まあ、何も言わずに、笑って知らん顔をするだろうとは思いますが、このあたりのところに、やはり、日本の隠《かく》れた「暗さ」がまだあるように思いますね。

里村　はい。それが、今日、よく分かりました。

大川隆法　でも、今回の霊言《れいげん》本の広告は、朝日新聞には載《の》らないでしょうね。

里村　努力いたします。

大川隆法　「言論の自由」といっても、出しはしないでしょう。

里村　意外と載せたりするかもしれません（笑）。

大川隆法　載せたりしますか（笑）。その場合は、「（若宮啓文氏が）いなくなって、せいせいした」などという反対勢力の人が載せるかもしれませんね。

里村　ええ。トライしてみます。

大川隆法　載せるでしょうか。載せるようだったら、朝日は大したものです。まだまだ（朝日は）死んではいないかもしれません。

それでは、以上にします。ありがとうございました（手を二回叩く）。

一同　ありがとうございました。

あとがき

マスコミには、教祖《きょうそ》のいない宗教教団《しゅうきょうきょうだん》みたいなところがある。物事《ものごと》の正邪《せいじゃ》が判《わか》らなければ、とにかく、本能的に、「反権力《はんけんりょく》、弱者《じゃくしゃ》の味方《みかた》」で記事やニュースをつくればよいのだ。

これが民主主義の一定《いってい》の防波堤《ぼうはてい》になっていることは私も認める。しかし、度《ど》が過ぎれば、独善的《どくぜんてき》で、偽善的《ぎぜんてき》で、教条主義的《きょうじょうしゅぎてき》で、ポピュリズム的政治を生み出し、自社の経営以外を考えない傲慢《ごうまん》さが政府の財政赤字を肥大化《ひだいか》させてきたのも事実だ。他方では、一国平和主義のお題目《だいもく》が、国防危機をもたらし、国民の生命、安全、財産をおびやかしている現実もある。

またマスコミ自体の身勝手《みがって》な傲慢さが報道されることは少ない。たとえば、ＮＨ

Kが、東北にある歴史物の撮影所を翌年の大河ドラマのため必要のない期間も一年《いちねん》中《じゅう》押さえていて、他の映画の撮影を排除《はいじょ》していても、泣き寝入りするしかないのだ。

本書は、こうしたマスコミ人の生態《せいたい》を研究する上での格好《かっこう》の入門書ともなるだろう。

二〇一六年　五月三日

幸福《こうふく》の科学《かがく》グループ創始者兼総裁《そうししゃけんそうさい》　大川隆法《おおかわりゅうほう》

『元朝日新聞主筆　若宮啓文の霊言』大川隆法著作関連書籍

『正義の法』（幸福の科学出版刊）
『世界を導く日本の正義』（同右）
『朝日新聞はまだ反日か——若宮主筆の本心に迫る——』（同右）
『従軍慰安婦問題と南京大虐殺は本当か？
　——左翼の源流 vs. E．ケイシー・リーディング——』（同右）
『南京大虐殺と従軍慰安婦は本当か
　——南京攻略の司令官・松井石根大将の霊言——』（同右）
『天に誓って「南京大虐殺」はあったのか
　——『ザ・レイプ・オブ・南京』著者アイリス・チャンの霊言——』（同右）
『現代の法難④——朝日ジャーナリズムの「守護神」に迫る——』（同右）
『現代ジャーナリズム論批判』

――伝説の名コラムニスト深代惇郎は天の声をどう人に語るか――』（同右）
『守護霊インタビュー ドナルド・トランプ アメリカ復活への戦略』（同右）
『孔子、「怪力乱神」を語る』（同右）
『神に誓って「従軍慰安婦」は実在したか』（幸福実現党刊）

元朝日新聞主筆《もとあさひしんぶんしゅひつ》　若宮啓文《わかみやよしぶみ》の霊言《れいげん》

2016年5月7日　初版第1刷

著　者　大《おお》　川《かわ》　隆《りゅう》　法《ほう》

発行所　幸福の科学出版株式会社

〒107-0052 東京都港区赤坂2丁目10番14号
TEL(03)5573-7700
http://www.irhpress.co.jp/

印刷・製本　株式会社 研文社

落丁・乱丁本はおとりかえいたします

ISBN978-4-86395-795-4 C0030
写真：時事

大川隆法霊言シリーズ・正しい歴史認識を求めて

従軍慰安婦問題と南京大虐殺は本当か？

左翼の源流 vs. E．ケイシー・リーディング

「従軍慰安婦問題」も「南京事件」も中国や韓国の捏造だった！ 日本の自虐史観や反日主義の論拠が崩れる、驚愕の史実が明かされる。

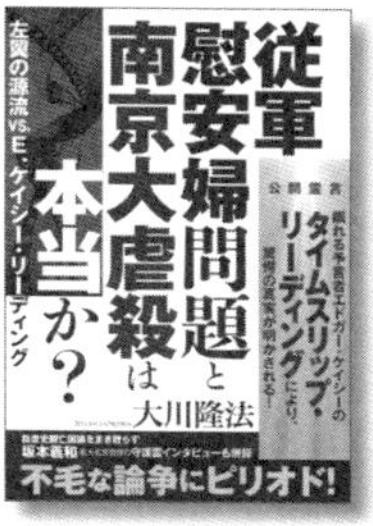

1,400 円

南京大虐殺と従軍慰安婦は本当か

南京攻略の司令官・松井石根《いわね》大将の霊言

自己卑下を続ける戦後日本人よ、武士道精神を忘れるなかれ！ 南京攻略の司令官・松井大将自らが語る真実の歴史と、日本人へのメッセージ。

1,400 円

天に誓って「南京大虐殺」はあったのか

『ザ・レイプ・オブ・南京』著者 アイリス・チャンの霊言

謎の死から 10 年、ついに明かされた執筆の背景と、良心の呵責、そして、日本人への涙の謝罪。「南京大虐殺」論争に終止符を打つ一冊！

1,400 円

神に誓って「従軍慰安婦」は実在したか

いまこそ、「歴史認識」というウソの連鎖を断つ！ 元従軍慰安婦を名乗る 2 人の守護霊インタビューを敢行！ 慰安婦問題に隠された驚くべき陰謀とは！？【幸福実現党刊】

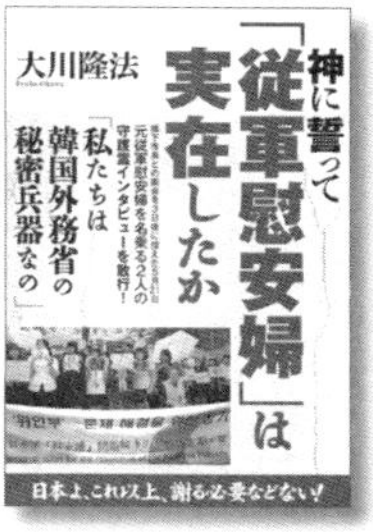

1,400 円

大川隆法ベストセラーズ・地球レベルでの正しさを求めて

正義の法

法シリーズ第22作

憎しみを超えて、愛を取れ

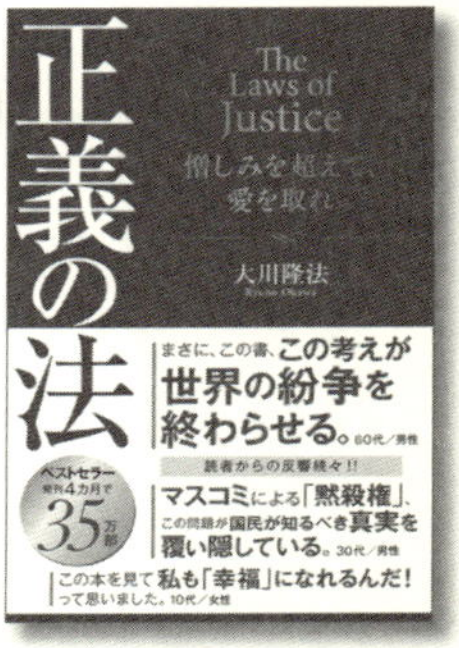

テロ事件、中東紛争、中国の軍拡——。あらゆる価値観の対立を超える「正義」とは何か。著者2000書目となる「法シリーズ」最新刊！

2,000円

世界を導く日本の正義

20年以上前から北朝鮮の危険性を指摘してきた著者が、抑止力としての日本の「核装備」を提言。日本が取るべき国防・経済の国家戦略を明示した一冊。

1,500円

現代の正義論

憲法、国防、税金、そして沖縄。
——『正義の法』特別講義編

国際政治と経済に今必要な「正義」とは——。北朝鮮の水爆実験、イスラムテロ、沖縄問題、マイナス金利など、時事問題に真正面から答えた一冊。

1,500円

※表示価格は本体価格（税別）です。

大川隆法シリーズ・最新刊

守護霊インタビュー
堺屋太一　異質な目
政治・経済・宗教への考え

元通産官僚、作家・評論家、元経済企画庁長官など、幅広い分野で活躍してきた堺屋太一氏。メディアでは明かさない本心を守護霊が語る。

1,400 円

自民党諸君に告ぐ
福田赳夫の霊言

経済の「天才」と言われた福田赳夫元総理が、アベノミクスや国防対策の誤りを叱り飛ばす。 田中角栄のライバルが語る"日本再生の秘策"とは!?【ＨＳ政経塾刊】

1,400 円

熊本震度７の神意と警告

天変地異リーディング

今回の熊本地震に込められた神々の意図とは？ 政治家、マスコミ、そしてすべての日本人に対して、根本的な意識改革を迫る緊急メッセージ。

1,400円

幸福の科学グループのご案内

宗教、教育、政治、出版などの活動を通じて、地球的ユートピアの実現を目指しています。

幸福の科学

一九八六年に立宗。信仰の対象は、地球系霊団の最高大霊、主エル・カンターレ。世界百カ国以上の国々に信者を持ち、全人類救済という尊い使命のもと、信者は、「愛」と「悟り」と「ユートピア建設」の教えの実践、伝道に励んでいます。

（二〇一六年五月現在）

愛

幸福の科学の「愛」とは、与える愛です。これは、仏教の慈悲《じひ》や布施《ふせ》の精神と同じことです。信者は、仏法真理をお伝えすることを通して、多くの方に幸福な人生を送っていただくための活動に励んでいます。

悟り

「悟り」とは、自らが仏の子であることを知るということです。教学《きょうがく》や精神統一によって心を磨き、智慧《ちえ》を得て悩みを解決すると共に、天使・菩薩《ぼさつ》の境地を目指し、より多くの人を救える力を身につけていきます。

ユートピア建設

私たち人間は、地上に理想世界を建設するという尊い使命を持って生まれてきています。社会の悪を押しとどめ、善を推し進めるために、信者はさまざまな活動に積極的に参加しています。

国内外の世界で貧困や災害、心の病で苦しんでいる人々に対しては、現地メンバーや支援団体と連携して、物心両面にわたり、あらゆる手段で手を差し伸べています。

年間約３万人の自殺者を減らすため、全国各地で街頭キャンペーンを展開しています。

公式サイト **www.withyou-hs.net**

ヘレン・ケラーを理想として活動する、ハンディキャップを持つ方とボランティアの会です。視聴覚障害者、肢体不自由な方々に仏法真理を学んでいただくための、さまざまなサポートをしています。

公式サイト **www.helen-hs.net**

幸福の科学グループの教育・人材養成事業

教育

学校法人 幸福の科学学園

学校法人 幸福の科学学園は、幸福の科学の教育理念のもとにつくられた教育機関です。人間にとって最も大切な宗教教育の導入を通じて精神性を高めながら、ユートピア建設に貢献する人材輩出を目指しています。

幸福の科学学園

中学校・高等学校（那須本校）
2010年4月開校・栃木県那須郡（男女共学・全寮制）
TEL **0287-75-7777**
公式サイト **happy-science.ac.jp**

関西中学校・高等学校（関西校）
2013年4月開校・滋賀県大津市（男女共学・寮及び通学）
TEL **077-573-7774**
公式サイト **kansai.happy-science.ac.jp**

仏法真理塾「サクセスNo.1」 TEL **03-5750-0747**（東京本校）
小・中・高校生が、信仰教育を基礎にしながら、「勉強も『心の修行』」と考えて学んでいます。

不登校児支援スクール「ネバー・マインド」 TEL **03-5750-1741**
心の面からのアプローチを重視して、不登校の子供たちを支援しています。
また、障害児支援の**「ユー・アー・エンゼル!」運動**も行っています。

エンゼルプランV TEL **03-5750-0757**
幼少時からの心の教育を大切にして、信仰をベースにした幼児教育を行っています。

シニア・プラン21 TEL **03-6384-0778**
希望に満ちた生涯現役人生のために、年齢を問わず、多くの方が学んでいます。

NPO 活動支援

いじめから子供を守ろうネットワーク

学校からのいじめ追放を目指し、さまざまな社会提言をしています。また、各地でのシンポジウムや学校への啓発ポスター掲示等に取り組む一般財団法人「いじめから子供を守ろうネットワーク」を支援しています。

公式サイト **mamoro.org**
相談窓口 **TEL.03-5719-2170**
ブログ **blog.mamoro.org**

政治

幸福実現党

内憂《ないゆう》外患《がいかん》の国難に立ち向かうべく、二〇〇九年五月に幸福実現党を立党しました。創立者である大川隆法党総裁の精神的指導のもと、宗教だけでは解決できない問題に取り組み、幸福を具体化するための力になっています。

幸福実現党 釈量子サイト
shaku-ryoko.net

Tiwitter
釈量子@shakuryoko
で検索

党の機関紙
「幸福実現NEWS」

幸福実現党 党員募集中

あなたも幸福を実現する政治に参画しませんか。

○幸福実現党の理念と綱領、政策に賛同する18歳以上の方なら、どなたでも党員になることができます。
○党員の期間は、党費（年額 一般党員5千円、学生党員2千円）を入金された日から1年間となります。

党員になると

党員限定の機関紙が送付されます。
（学生党員の方にはメールにてお送りします）
申込書は、下記、幸福実現党公式サイトでダウンロードできます。

住所：〒107-0052
東京都港区赤坂2-10-8 6階
幸福実現党本部

TEL 03-6441-0754
FAX 03-6441-0764
公式サイト hr-party.jp
若者向け政治サイト truthyouth.jp

出版メディア事業

幸福の科学出版

大川隆法総裁の仏法真理の書を中心に、ビジネス、自己啓発、小説など、さまざまなジャンルの書籍・雑誌を出版しています。他にも、映画事業、文学・学術発展のための振興事業、テレビ・ラジオ番組の提供など、幸福の科学文化を広げる事業を行っています。

アー・ユー・ハッピー?
are-you-happy.com

ザ・リバティ
the-liberty.com

幸福の科学出版
TEL **03-5573-7700**
公式サイト **irhpress.co.jp**

THE FACT
ザ・ファクト
マスコミが報道しない「事実」を世界に伝えるネット・オピニオン番組

Youtubeにて随時好評配信中！

ザ・ファクト　検索

NEW STAR PRODUCTION

ニュースター・プロダクション

ニュースター・プロダクション(株)は、世界を明るく照らす光となることを願い活動する芸能プロダクションです。二〇一六年三月には、ニュースター・プロダクション製作映画「天使に〝アイム・ファイン〟」を公開。

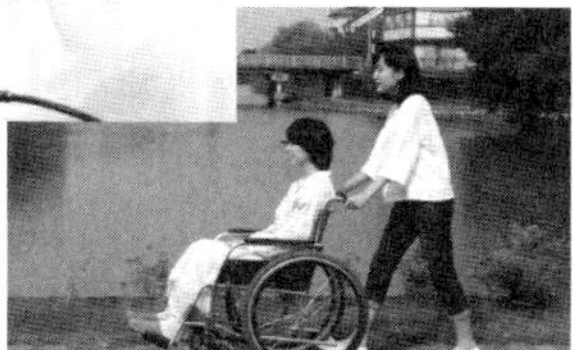

映画「天使に〝アイム・ファイン〟」のワンシーン(下)と撮影風景(左)。

公式サイト
newstar-pro.com

入会のご案内

あなたも、幸福の科学に集い、ほんとうの幸福を見つけてみませんか？

幸福の科学では、大川隆法総裁が説く仏法真理をもとに、
「どうすれば幸福になれるのか、また、
他の人を幸福にできるのか」を学び、実践しています。

入会

大川隆法総裁の教えを信じ、学ぼうとする方なら、どなたでも入会できます。入会された方には、『入会版「正心法語」』が授与されます。（入会の奉納は1,000円目安です）

ネットでも**入会**できます。詳しくは、下記URLへ。
happy-science.jp/joinus

三帰《さんき》誓願《せいがん》

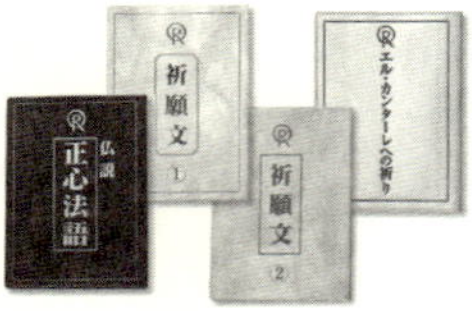

仏弟子としてさらに信仰を深めたい方は、仏・法・僧の三宝への帰依を誓う「三帰誓願式」を受けることができます。三帰誓願者には、『仏説・正心法語』『祈願文①』『祈願文②』『エル・カンターレへの祈り』が授与されます。

植福《しょくふく》の会

植福は、ユートピア建設のために、自分の富を差し出す尊い布施の行為です。布施の機会として、毎月1口1,000円からお申込みいただける、「植福の会」がございます。

ご希望の方には、幸福の科学の小冊子（毎月1回）をお送りいたします。詳しくは、下記の電話番号までお問い合わせください。

月刊「幸福の科学」

ザ・伝道

ヤング・ブッダ

ヘルメス・エンゼルズ

INFORMATION	幸福の科学サービスセンター TEL. 03-5793-1727（受付時間 火～金：10～20時／土・日・祝日：10～18時） 幸福の科学 公式サイト happy-science.jp